Philipp Einhäuser

Dilemmata kultureller Fremdheit

Zur erkenntnistheoretischen und ethischen Problemlage des Fremdverstehens in der Gegenwart

KULTUR – BILDUNG – GESELLSCHAFT

Herausgegeben von Thomas Köhler

ISSN 1864-9386

1 *Valerie Lange*
Risikogruppe Migranten?
Über den Zusammenhang zwischen schulischen Anerkennungsstrukturen und sozialer Ungleichheit in Kanada und Deutschland
Mit einem Vorwort von Rolf Wernstedt
ISBN 978-3-89821-800-9

2 *Kathrin Feldhaus*
Inszenierung von Geschlechteridentität
Wechselwirkung von Maskerade und Demaskierung im Werk von Diane Arbus
Mit einem Nachwort von Thomas Köhler
ISBN 978-3-89821-830-6

3 *Ralf Steckert*
Begeisterndes Leid
Zur medialen Inszenierung des „Brands" und seiner geschichtspolitischen Wirkung im Vorfeld des 2. Irakkriegs
ISBN 978-3-89821-910-5

4 *Sotiria Argyrokastriti*
Schulklima und Unterrichtspraxis in komparatistischer Sicht
Eine schulethnographische Untersuchung in deutschen und griechischen Grundschulen
ISBN 978-3-89821-929-7

5 *Stefania Böhm*
Murales in Orgosolo
Studien zu einer künstlerischen und kunstgeschichtlichen Einordnung in die neue und gegenwärtige Wandmalerei
Mit einem Vorwort von Sigurd Saß
ISBN 978-3-8382-0067-5

6 *Philipp Einhäuser*
Dilemmata kultureller Fremdheit
Zur erkenntnistheoretischen und ethischen Problemlage des Fremdverstehens in der Gegenwart
ISBN 978-3-8382-0267-9

Philipp Einhäuser

DILEMMATA KULTURELLER FREMDHEIT

Zur erkenntnistheoretischen und ethischen Problemlage des Fremdverstehens in der Gegenwart

ibidem-Verlag
Stuttgart

Bibliografische Information der Deutschen Nationalbibliothek
Die Deutsche Nationalbibliothek verzeichnet diese Publikation in der Deutschen Nationalbibliografie; detaillierte bibliografische Daten sind im Internet über http://dnb.d-nb.de abrufbar.

Bibliographic information published by the Deutsche Nationalbibliothek
Die Deutsche Nationalbibliothek lists this publication in the Deutsche Nationalbibliografie; detailed bibliographic data are available in the Internet at http://dnb.d-nb.de.

Coverabbildung: Jünglinge, Skulptur des Komponisten und Künstlers Manfred Bleffert.
otografie: Charlotte ischer, 2010. Abdruck mit freundlicher Genehmigung.

∞

Gedruckt auf alterungsbeständigem, säurefreien Papier
Printed on acid-free paper

ISSN: 186-9386

ISBN-13: 978-3-8382-0267-9

Printed in Germany

Inhaltsverzeichnis

Kurz gesagt: es gibt keine Welt, in der wir je völlig heimisch sind, und es gibt kein Subjekt, das je Herr im eigenen Hause wäre.

Waldenfels 1998: 37.

Einleitung

Ethnologie – Fremdheit – Ethik

Wie jede Wissenschaft bearbeitet die Ethnologie ein Feld, das sich historisch und fachgeschichtlich bedingt und in Abgrenzung zu anderen Disziplinen wie etwa der Soziologie[1] entwickelt, verändert und schließlich zu dem ausgeformt hat, was man heute gemeinhin als ihren Gegenstand bezeichnet, hier: das kulturell Fremde.[2] Wie jede Wissenschaft verfügt auch die Ethnologie über ein methodisches Instrumentarium, mit dem sie sich diesem Gegenstand annähert, und einen Theorienkomplex, in dem sie diese ihre Forschungsergebnisse verarbeitet, um neue, feinere, differenziertere Werkzeuge für dessen Verständnis zu entwickeln oder zu ermitteln. Wie jede Wissenschaft hat sie schließlich auch mit unbequemen fachinternen wie über die Disziplin weit hinaus reichenden Problemen zu kämpfen, insbesondere, was erkenntnistheoretische und ethische Dilemmata und Streitigkeiten betrifft.

1 Kohl 2000: 96.

2 ebd.: 16, vgl. auch Hornbacher 2006: 14. Anm.: Der Kulturbegriff war in der Vergangenheit immer wieder Gegenstand heißer Debatten, bei denen etwa die Kampfschriften Lila Abu-Lughods und Christoph Brumanns zu einiger Berühmtheit gelangt sind (vgl. Abu-Lughod 1991: 137-162 und Brumann 1999: 1-27). Was den Fremdheitsbegriff anbelangt, so will sich diese Studie mit einer Debatte auseinander setzen, die teils in der Ethnologie und verstärkt in der Philosophie geführt wird. Hier ist festzuhalten, dass etliche Autoren sich auf Ethnologie als „Wissenschaft vom kulturell Fremden" beziehen – teils kritisch, teils affirmativ (vgl. hier Jamme 2002, Waldenfels 1997, Därmann 2005, Bargatzky 1992, Sundermeier 1996, Rees 1998 u.a.).

Die Ethnologie – und darin liegt sicherlich eine Besonderheit der Disziplin – muss sich aber allen drei Aspekten in besonders strenger Weise stellen. Bereits beim studentischen Ethnologenstammtisch führen Diskussionen zuweilen in eine Sackgasse, deren suizidales Fazit am Ende lautet: Wir können letztlich über die Beschaffenheit der Welt keine propositionalen Aussagen mehr treffen, wenn wir die – in Schwerstarbeit errungenen – selbstreflexiven Einsichten wirklich implementieren und schließlich zur wissenschaftlichen Maxime erheben.[3] Die *Krise der Repräsentation,* die Mitte der 80er Jahre ihren Höhepunkt erreicht, steht stellvertretend für die großen Schwierigkeiten, vor die sich die Ethnologie als Disziplin tagtäglich gestellt sieht. Welche Paradoxien im Einzelnen den Diskurs prägen, will ich weiter unten näher betrachten. Was aber hier bereits gestreift wurde, ist eine grundlegende Eigenart der Ethnologie, die sie von manchen anderen Wissenschaften unterscheidet und die ihr bisweilen zum Verhängnis wird: Ihre verstärkte Neigung zur Reflexion, die entscheidend mit der wissenschaftlichen Konstitution ihres einmalig komplexen Gegenstands zusammen hängt – dem Menschen als Kulturwesen. Auf den besonderen Konstruktionscharakter dieses Gegenstandsbereichs hat etwa Volker Gottowik bereits mehrfach hingewiesen.[4] Und in der Tat: Die Ethnologie lässt sich nicht reibungslos in den Kanon „nomologischer" und „idiographischer"[5] Wissenschaften integrieren, sondern steht vielmehr quer zu ihnen.[6] Die soziale Sinngebung und kulturelle Ausgestaltung des menschlichen Zusammenlebens wissenschaftlich zu untersuchen und in hieb- und stichfeste anthropologische Aussagen münden zu lassen, bedarf deshalb nicht nur eines besonderen methodischen und theoretischen Instrumentariums, sondern steht auch für einen außerordentlich hohen Anspruch des Fachs und seiner Vertreter an sich selbst.

Ein hohes Reflexionsniveau hat sich heute als integraler und unersetzlicher Bestandteil eines solchen Instrumentariums erwiesen. Denn nur durch die eingehende Revision und stete Neubewertung der Erfahrungen und Urteile, die man im Zuge ethnologischer Forschung sammelt, kann überhaupt die

3 vgl. hierzu etwa Rust 2001: 34f., abrufbar unter <http://www.archiv3.org/volltext_118473.htm> [13.2.2010].

4 Gottowik 1997: 137ff.

5 Waldenfels 2002: 151.

6 Jamme 2002: 191.

Chance bestehen, dem Gegenstand gerechter zu werden, als mit der bloßen Projektion der eigenen kulturellen (Vor-) Urteile, Werte, Normen, Vorstellungen, kurz: der eigenen kulturellen Prägung auf ihn. Die interpretative Ethnologie konnte dem Fach mit ihrer stetig zwischen Einzelphänomen und Kulturganzem hin und her pendelnden Versenkung hier zu einem entscheidenden Entwicklungsschub verhelfen und viele neue Impulse in die Debatte einfließen lassen. Dennoch ist auch dieser Ansatz mit einem doppelten Manko behaftet: Zum einen bleibt sie den positivistischen, aus den Naturwissenschaften stammenden, Methoden verpflichtet, in dem sie vorgibt, universelles Wissen zu produzieren.[7] Zum anderen tilgt sie die Differenz zwischen Sinngenese und Sinnauslegung, zwischen „zur Erscheinung kommen“ und „zur Sprache kommen“, wie Bernhard Waldenfels treffend formuliert, mit ihrer hermeneutischen Kultur-als-Text-Perspektive fast vollständig.[8] Auch sie hat daher die ethnologischen Selbstanfechtungen nicht zu beenden vermocht.

Heute gehen die epistemologischen Selbstzweifel umso mehr mit moralischen Bedenken hinsichtlich unseres Gegenstands Hand in Hand und machen die Ethnologie damit mehr als andere Wissenschaften verletzlich.[9] Was Peter Engelmann für die postmoderne Philosophie konstatiert, mag deshalb auch auf die zeitgenössische Ethnologie zutreffen: Neben erkenntnistheoretischen Fragestellungen ist es im gegenwärtigen Fachdiskurs immer mehr die Ethik, die eine zentrale Position einnimmt.[10] Erkennbar ist das nicht etwa nur am wachsenden Widerstand von indigener Seite an westlichen Konzepten von Wissenschaft und Forschung, sondern auch an der Zunahme alternativer Forschungsansätze und -praktiken bei marginalisierten und institutionell nur locker verankerten Wissenschaftlern.[11]

Man mag solcherlei Entwicklungen als Zeichen für die sinkende ‚Relevanz‘ herkömmlicher ethnologischer Forschung betrachten oder nicht. Fest steht:

7 Rees 1998: 1, abrufbar unter <http://www.iwf.de/easa/brd/rees.html> [21.2.2010].

8 Waldenfels 2002: 166.

9 ebd.: 173.

10 Engelmann 1990: 7.

11 vgl. hierzu Brown und Strega 2005, Kovach 2005, Dyll, Francis und Tomaselli 2008, Tuhiwai Smith 2007 u.a.

Damit die Ethnologie konkurrenzfähig bleibt und nicht etwa von einer Xenologie als neu zu begründender Wissenschaft, wie sie Duala M'bedy bereits seit 1977 vorsieht[12], verdrängt wird, muss sie die – heute umso mehr im Zusammenhang mit ethischen und selbstreflexiven Fragestellungen entwickelten – Neuerungen stets implementieren und weiter führen; Stillstand ist bereits aufgrund ihres dynamischen Gegenstands inakzeptabel.
Nimmt man es allerdings ernst, dass die Ethnologie weiterhin die erste und wichtigste „Wissenschaft vom kulturell Fremden"[13] zu sein beansprucht, so muss man ihr die kritische Frage stellen, inwiefern sie überhaupt einen Begriff kultureller Fremdheit entwirft, einem Phänomen, dem sie immerhin viel zu verdanken hat. Thomas Bargatzky, seines Zeichens Professor für Ethnologie an der Universität Bayreuth, wirft dem Fach vor, die Entwicklung eines solchen Fremdheitsbegriffs versäumt zu haben.[14] Es ist dabei zunächst nicht verwunderlich, dass das kulturell Fremde als rein relationale und okassionelle Kategorie[15] nicht eingehender theoretisiert worden ist, obwohl die Ethnologie auf dessen Basis ihren Gegenstandsbereich konstruiert.[16] Theoretisierung bedeutet immer auch Fixierung – ein in Bezug auf Fremdheit schier unerfüllbares Ansinnen. Denn das Fremde, soviel will ich hier vorweg nehmen, zeigt sich meines Erachtens gerade, indem es sich entzieht.[17] Es bleibt gewissermaßen unverfügbar. In gleichem Maße stellt das Phänomen Fremdheit die Ethnologie deshalb vor große Herausforderungen, weil nach hermeneutischen Prinzipien die Erkenntnis des Fremden stets die Erkenntnis des Eigenen voraussetzt. In der Konsequenz würde daher ein adäquater Begriff des Kulturfremden zunächst eine genaue Beschreibung der Grundlagen des eigenen wissenschaftlichen Handelns erforderlich machen.[18]

12 Duala-M'bedy 1977, vgl. auch Sundermeier 1996: 29.
13 Kohl 2000: 16.
14 Bargatzky 1992: 25, vgl. auch Bargatzky 1997: XIII.
15 Waldenfels 2002: 161.
16 Kohl 2000: 16.
17 ebd.
18 Bargatzky 1992: 22, vgl. auch Hornbacher 2006: 13.

Will man sich der Fremdheitsfrage in einer fruchtbaren Weise nähern, müssen diese Überlegungen Berücksichtigung finden. Setzt man die erworbenen Kenntnisse dann schließlich in Beziehung zur krisenhaften Wendung der Ethnologie, so bleibt zu hoffen, dass sich neue Perspektiven auf alte Probleme ergeben, aus denen sich auch für die heutige Ethnologie noch lohnenswerte Einsichten ableiten lassen.

Wie also lässt sich das Fremde theoretisch fassen? Wie überhaupt muss sich ein Denken verhalten, das den fluiden, veränderlichen Charakter von Fremdheit anerkennen will? Der Gedanke liegt nahe, dass Fremdheit mit herkömmlichen Versuchen, etwas als etwas zu identifizieren, nicht zu begreifen ist. Das relationale Paradigma, das ich oben engesprochen habe, legt im Gegenteil nahe, Fremdheit als Differenz zu denken – in Relation zu uns, und vor allem im Sinne einer Nicht-Identität mit sich selbst. Dieser philosophische Impetus kommt freilich nicht von ungefähr, sondern wird von mir vorsätzlich in die Auseinandersetzung mit eingeflochten. Denn das Fremde hat heute als Problemherd auch in der Philosophie, insbesondere im Frankreich des ausgehenden 20. Jahrhunderts, in dem Maße Einzug gehalten, wie die Konzeption einer allumfassenden Vernunft brüchig geworden ist.[19]

So blickt die Philosophie verstärkt auf die Ethnologie, in der Hoffnung, ihren eigenen Verstrickungen damit besser auf den Grund gehen zu können.[20] Dabei stellt sich bald die Frage, inwiefern die Ethnologie eine tragfähige Theorie der Fremderfahrung leisten kann, befindet sie sich – zumindest nach Ansicht zahlreicher Autoren und je nach Position immer noch oder gerade wieder – in der Krise.[21] Christoph Jamme, heute Professor an der Leuphana Universität Lüneburg, formuliert hierzu seine paradoxe Doppelthese, die uns wie ein Leitfaden durch weite Teile dieses Texts begleiten soll. Er sagt:

> „Die philosophische Theorie der Fremderfahrung bedarf der Herausforderung durch die Ethnologie als Wissenschaft vom Fremden – umgekehrt aber bedarf die Ethnologie einer Theorie der kulturellen Fremdheit, die sie stets nur voraussetzt, nicht aber entwickelt.“[22]

19 vgl. hierzu Waldenfels 1983 u.a.
20 Waldenfels 2002: 151.
21 Jamme 2002: 188, vgl. auch Strega 2005 u.a.
22 Jamme 2002: 185.

Dieser Dialektik eignet die Überzeugung, dass wir dem Fremden weder gerecht werden, wenn wir es zur „omnipräsenten Ursprungsmacht“[23] stilisieren, noch, wenn wir es uns aneignen. Die Auseinandersetzung mit Fremdheit und Alterität sollte aufgrund selbigen Dilemmas in das ethnologische Curriculum aufgenommen und im Diskurs zügig revitalisiert werden. Wie Jamme betont, steht der bisher wesentlich ästhetisch gefasste Fremdheitsbegriff „in groteskem Mißverhältnis zu der aufgebrochenen sozialen Problematik des [...] Fremdenhasses.“[24] Und Theo Sundermeier, der bekannte Heidelberger Religionswissenschaftler, ergänzt:

> „Es gehört [heute] zu den tiefen gesellschaftlichen Veränderungen unserer Zeit, dass der Fremde zum Normalfall des anderen geworden ist. Das macht die Frage nach dem Verstehen so dringlich und brisant. Ihre Beantwortung ist kein erkenntnistheoretisches Glasperlenspiel, sondern bittere Notwendigkeit in der Alltagswelt.“[25]

Das Verhältnis von Epistemologie und Ethik scheint sich ganz offensichtlich zum Nadelöhr zeitgenössischer Ethnologie zu verengen. Wenn das Fremde Teil der Alltagswelt und Normalfall des anderen geworden ist, dann muss eine kritische Erörterung nicht nur wissenschaftstheoretische Fragen, sondern zugleich ethische Dimensionen bedenken. Denn eines ist klar: wir erfahren den Fremden in erster Linie in der menschlichen Begegnung[26], und nicht als Abstraktion. Der fremde Blick ist es etwa, der uns berührt und der uns ein Anderes gerade da erahnen lässt, wo es sich verhüllt. Fremdbegegnungnen sind fragile, verletzliche und verstörende, vielleicht kurze, jedenfalls aber nachhaltige Momente, in dem die Ordnung des eigenen Horizonts bröckelt. Es ist m. E. daher unabdingbar, dass die Begegnung mit dem Fremden unweigerlich entlang ethischer Ansprüche verlaufen muss. Ist das nicht der Fall, gestaltet sich die Fremderfahrung nicht nur unter wissenschaftlichen, sondern auch unter zwischenmenschlichen Aspekten[27] als überaus schwierig.

Die Ethnologie hat indes begriffen, dass – abgesehen von den vielfach diskutierten politischen Implikationen ethnologischer Forschung – das

23 ebd.: 183.
24 ebd.
25 Sundermeier 1996: 137.
26 sei sie unmittelbar, oder medial vermittelt.
27 sofern diese Trennung überhaupt aufrecht zu erhalten ist.

Fremde nicht einem Spiegelbild gleich in den Horizont des Eigenen übertragen werden kann, sondern man vielmehr in der kulturellen Übersetzungsleistung immer verändernd in den Gegenstand eingreift. Inwiefern wir Fremdheit aber überhaupt im Spannungsfeld von Aneignungsbemühungen bzw. ihrem Gegenteil, radikaler Enteignung gerecht zu werden imstande sind, wird hier noch zu klären sein.[28] Meine These ist, dass auch hier ein ethisches Prinzip greifen muss, das sowohl allgemeine Vorstellungen von Toleranz oder Humanismus, wie sie etwa die Menschenrechte formulieren[29], als auch ein rein wissenschaftlich fundiertes Forschungsparadigma übersteigt.

Konzeption und Aufriss

Ich will die vorliegende Studie mit einem groben Querschnitt der spezifischen Herausforderungen von Wissenschaft im Zeitalter der Postmoderne[30] beginnen. Mir ist bewusst, dass ‚Postmoderne' dabei bestimmte theoretische Positionen bevorzugt, andere dagegen ablehnt oder gar ausschließt. Ich bestehe deshalb auch nicht auf die Universalität des Postmoderne-Konzepts. Den Rekurs halte ich allerdings deshalb für hilfreich, weil er die gegenwärtigen ethnologischen Dilemmata im Zusammenhang mit Repräsentationsfragen in besonderer Weise herausstellt.

Nachdem ich zunächst in einer kurzen Bestandsaufnahme die aktuellen Herausforderungen der Ethnologie mit der schwer wiegenden Repräsentationskrise im Gepäck anvisiert habe, verlasse ich im Anschluss

28 vgl. Waldenfels 1990: 63ff.

29 vgl. hierzu Bundeszentrale für politische Bildung 2004: 54-59.

30 man mag das Argument vorbringen, die Postmoderne sei nicht mehr *up-to-date*, ist sie doch bereits im Avantgardismus der 60er Jahre proklamiert worden. Sollten wir uns bereits in einem (wissenschaftlichen wie gesellschaftlichen) Zeitalter einer wie auch immer gearteten *Post-Postmoderne* befinden, so hoffe ich, diesem Umstand mit der hier vorgebrachten Literatur hinreichend Rechnung getragen zu haben. Ich erlaube mir also, ein Konzept der Postmoderne in seinen Grundzügen hier vorzustellen. Im Übrigen hat Karl-Heinz Kohl von einer üblichen Rezeptionsverzögerung in der deutschsprachigen Ethnologie gesprochen (Kohl 2002: 209). Ich werte das zu unseren Gunsten.

unter Kapitel 1.1 mit Jean-François Lyotard zwischenzeitlich die Ethnologie, um die spezifischen epistemologischen und ontologischen Grundlinien postmoderner Wissenstraditionen in Abgrenzung zum Projekt der Moderne herauszustellen. Umso klarer kann dann eine erneute Revision zentraler Fragestellungen aus dem Dunstkreis der ethnologischen Krise erfolgen. Im Einzelnen sollen dabei in den Kapiteln 1.2.1 bis 1.2.5 Überlegungen zu den Begriffen „Repräsentation" und „Ethnografie" angestellt, weiterhin das Konzept von Autorschaft untersucht, sowie Aspekte zu Reflexivität, Objektivität und Wahrheit erarbeitet werden. Dabei werde ich am Rande auch auf neuere Repräsentationsformen eingehen.

Bei diesen Untersuchungen wird sich die Fremdheitsfrage mit erneuter Dringlichkeit stellen, so dass das zweite Kapitel den Problemfeldern einer xenologischen Ethnologie gelten soll. Nach einer allgemeinen Einführung in die Thematik im Kapitel 2.1 möchte ich zunächst unter 2.2. auf das Spannungsfeld von Aneignung und Enteignung im Zusammenhang mit kultureller Fremdheit verweisen und nachfolgend mit einem Exkurs zu Husserl unter 2.2.1 die historischen Grundlagen einer phänomenologischen Fremdbestimmung aufzeigen. Im Anschluss werde ich mich zeitgenössischen philosophischen Entwürfen zuwenden, bei denen ich insbesondere Bernhard Waldenfels hinzuziehe. Ihm – und in seiner Tradition stehend auch anderen Theoretikern – ist es meiner Auffassung nach gelungen, eine überaus inspirierende Verbindung von Ethnologie und Philosophie voranzutreiben, in der Fremdheit als radikale Fremdheit konzipiert wird.

Bereits im Husserl-Kapitel wird sich herausstellen, dass Fremdheit als relative Fremdheit nicht adäquat zu fassen ist. Der Versuch, Fremdes mit den analytischen Mitteln des Eigenen zu verstehen, erweist sich in diesem Zusammenhang als epistemo- und daher letztlich als eurozentristisch. Umgekehrt stellt aber eine Konzeption radikaler Fremdheit die Ethnologie vor die paradoxe Aufgabe, als Wissenschaft etwas beschreiben zu wollen, was sich *per definitionem* entzieht. Das einmal postuliert, bliebe allein die Berechtigung zurück, zu beschreiben, was mehr oder weniger vertraut ist – das Fremde selbst aber würde unberührt in seiner Fremdheit verharren. Wendete man sich etwa einer fremden Kultur zu, in der anteilig manches innerhalb des eigenen Logos bestimmbar wäre, so bliebe dennoch ein Restanteil unverfügbarer und unbestimmbarer Fremdheit zurück. Eine solche Kompromisslösung würde möglicherweise das Problem kultureller Fremdheitsbestimmung zwar als moderates präsentieren, entzöge aber dennoch einer soliden Wissenschaft vom kulturell Fremden ihre Grundlage. Es ist indes unsinnig, auf eine Auflösung der Ethnologie zu drängen, zuviel steht auf dem Spiel. Wie Hornbacher andeutet, muss vielmehr etwa den aus dem Diskurs ausgeschlossenen Wissenstraditionen zur Geltung verholfen werden.[31] Ethnologen müssen sich aber – ich habe das bereits angekündigt – noch stärker ethischen Fragestellungen zuwenden. Im dritten Kapitel versuche ich daher, die gewonnenen theoretischen Einsichten in ethische münden zu lassen. Dabei versuche ich, von der Allgemeinen Erklärung der Menschenrechte ausgehend, im Kapitel 3.1 zu den spezifischen erkenntnistheoretischen Dilemmata ethnologischer Ethik vorzustoßen, die ich anschließend unter 3.2 näher ausführe. Dem schließt sich im Kapitel 3.3 zum Thema „Wissen, Erkenntnis, Verstehen relationieren" die Überlegung an, dass jede wissenschaftliche Entwicklung in der Ethnologie letztlich auf menschlichen, auf in der Tat sozialen Beziehungen beruht. Demzufolge scheint es zweckmäßig, keine universelle Ethik, die sich bekanntlich alle möglichen ethno-, euro-, epistemo- oder andere zentristische Vorwürfe gefallen lassen muss, zu entwickeln, sondern eine spezifische Ethik der Beziehung. In ethnologischer Hinsicht kann dem m.E. nur eine Fremdheitsethik gleichkommen, konstituiert sich das kulturell Fremde doch immer in *Beziehung* zum kulturell Eigenen oder Vertrauten. Hier möchte ich insbesondere Emmanuel Lévinas bemühen. Unbestritten gibt es eine Vielzahl ethnologischer Größen, die sich mit ethischen Herausforderungen und Dilemmata des Fachs befassen. Spezifische Entwürfe einer Fremdheitsethik, die das Problem kultureller Fremdheit theoretisch erarbeiten, sind aber rar.

Den Abschluss wird eine kurze Zusammenfassung unter der dreifachen Losung von Rückblick, Einblick und Ausblick bilden. Hierbei sollen in einem Plädoyer die niemals final zu bewältigenden Fragen fremdkulturellen Verstehens in den Fokus einer beweglichen Perspektive gestellt werden, nach der weniger die Konsistenz wissenschaftlicher Theorie, als vielmehr die *angemessene* Begegnung mit dem Fremden anzustreben ist. Dabei stimme ich vollständig mit Michael Jackson überein, der betont, dass

31 Hornbacher 2006b: 22.

Wissen heute nur noch sozial, und nicht mehr theoretisch legitimiert werden kann.[32]

32 Jackson 1996: 7.

1.

Ethnologie in der Postmoderne

Die seit Mitte der 80er Jahre in den USA geführte und mit Verzögerung auch in Europa rezipierte Repräsentationsdebatte[33] hat die bis dato legitimen Darstellungsmodi fremder Lebenswelten und Kulturen in der Ethnologie und die auktoriale Position, von dem aus ethnografische Forschungsergebnisse einst vorgetragen wurden, vorerst ins Wanken gebracht.[34] Bereits seit Ende der 60er Jahre waren die machtpolitischen Verstrickungen des Ethnologen, die koloniale Vergangenheit des Fachs, die Etablierung der Ethnologie als „Objektwissenschaft"[35] und etliche andere Gesichtspunkte zusehends ins Bewusstsein getreten und haben seither zu einer umfassenden Revision der Existenzbedingungen einer ethnologischen Disziplin beigetragen. Im Zuge der so genannten *Krise der Repräsentation* gipfeln schließlich die verschiedenen Aspekte ethnologischer Gegenstandsbestimmung, Forschung und Repräsentation. Nicht nur die politischen Implikationen ethnologischer Praxis und die methodischen Problemzusammenhänge des von Malinowski entworfenen Feldforschungsparadigmas werden jetzt in den Mittelpunkt des kritischen Interesses gerückt. Auch die allgemeinen wissenschaftsgeschichtlichen, epistemologischen und ontologischen Rahmenbedingungen von Wissenschaft sind vor der neuen selbstreflexiven Wende nicht gefeit: Die Ethnologie dekonstruiert sich sukzessive selbst.

Das Zusammenspiel der hochgradig heterogenen Aspekte, die dabei in der Diskussion der vergangenen 25 Jahre eine wesentliche Rolle gespielt haben,

33 vgl. hierzu den von Clifford und Marcus 1986 heraus gegebenen Sammelband WRITING CULTURE. *The Poetics and Politics of Anthropology* und den von Berg und Fuchs 1993 publizierten deutschsprachigen Band KULTUR, SOZIALE PRAXIS, TEXT. *Die Krise der ethnographischen Repräsentation*, der zum Teil die gleichen Aufsätze enthält.

34 Kohl 2002: 209.

35 Waldenfels 2002: 162.

vereinfacht es nicht sonderlich, deren Ursprung, Verlauf und Anliegen zu präzisieren. Um einen Überblick über die im einzelnen geführten Debatten zu geben, müssten wenigstens politische, ethische, methodische, epistemologische, sowie weiterhin historische und allgemeine gesellschaftliche Aspekte berücksichtigt werden. Bernhard Waldenfels hat diesen Umstand treffend mit „Überkomplexität" bezeichnet.[36] Den Kern der Krise auszumachen, bleibt deshalb zugegebenermaßen ein schwieriges Unterfangen. Allerdings halte ich es für sinnvoll, die mit dem Jahr 1986 verbundene Zäsur als Ausdruck eines sich allgemeiner formulierenden historischen Bruchs mit der bis dahin geltenden Wissenschaftsauffassung zu betrachten. Was in dem WRITING-CULTURE-Band kulminiert, sind offenkundig breit auftretende Symptome der „Postmoderne". Ein Blick in die Nachbarwissenschaften zeigt auch dort etwa eine verstärkte Methoden- und Selbstreflexion und eine Abkehr vom Positivismus.[37] Aber was ist diese „Postmoderne"? Wo kann man sie historisch verorten und wie unterscheidet sie sich von ihrem ungeliebten Vorgänger? Wie etwa der Philosoph Peter Engelmann gezeigt hat, ist es besonders der medialen Aneignung zuzuschreiben, das von Lyotard im Verlauf der 60er Jahre geprägte philosophische Konzept verflacht und verfremdet zu haben: in die schlichte Unterscheidung eines Danach von einem Davor – der Moderne – das nun, aller modernen Sünden entledigt, ein neues, gutes Zeitalter heraufbeschwört.[38] Bevor ich also den spezifischen Fragen der Gegenstandskonstruktion und des Fremdverstehens in der Ethnologie nachgehe, soll in groben Zügen eine knappe Bestandsaufnahme der postmodernen Grundlinien nach Lyotard erfolgen.

1.1 Die Bestimmung der Postmoderne – ein aporetischer Versuch

Von der inzwischen klassischen Definition Jean-François Lyotards, Postmoderne als das Ende von Metaerzählung zu betrachten, hat der Autor

36 ebd.: 152.
37 vgl. hierzu Mills 2007: 8f., Langenohl 2009: 1f.
38 Engelmann 1990: 7.

selbst bereits mehrfach Abstand genommen; zu groß erschien ihm im Nachhinein die Gefahr der Simplifizierung.[39] Eine solche Definition verlangt in der Tat auch nach weiteren Erläuterungen: Was ist die Metaerzählung? Mit welchen Inhalten befasst sie sich? Weshalb kommt es zu deren Ende? Verschaffen wir uns einen groben Überblick!

In seiner berühmten Studie DAS POSTMODERNE WISSEN zeigt Lyotard auf, wie sich die Legitimationsmechanismen des Wissens immer wieder verändert haben und letzten Endes zum Bruch mit der Moderne führen. Diese habe sich historisch in der Form herausgebildet, dass zunächst das narrativ überlieferte Wissen seine unangefochtene Stellung und Legitimität eingebüßt habe und vom wissenschaftlichen Wissen abgelöst worden sei.[40] Wissenschaft ist nun das neuzeitliche Nadelöhr, durch welches hindurch muss, was als wahrhaftes Wissen gelten will. Das narrative Wissen erodiert mit der Präponderanz der Wissenschaft, die große Erzählung ist vorerst disqualifiziert.

Der Sieg der Wissenschaft beruht seinerseits auf wenigstens zwei Aspekten, die nach Lyotard eine gesellschaftlichen Neuorientierung entscheidend prägen: zunächst bilden ihm zufolge die seit dem 16. Jahrhundert aufkeimenden Modernisierungsprozesse in der Freisetzung des Individuums aus sozialen, ökonomischen und ideologischen Kontexten den Ausgangspunkt und die Bedingung individueller Freiheit.[41] Nicht von ungefähr wird in der beginnenden neuzeitlichen Philosophie mit Descartes eine Idee angelegt, die den Grundstein für eine spezifische Konzeption des Menschen in seinem Verhältnis zur Welt bildet: die Spaltung von Subjekt und Objekt.[42] Das (wissenschaftliche) Subjekt tritt nun als erkennendes Subjekt an die Stelle Gottes: bereits im *cogito*-Argument[43] Descartes' ist das denkende Individuum Legitimationsinstanz und hat die exklusive Kompetenz, „diskursive Ableitungen"[44] zu generieren, inne. Der Foucault-Experte Ralf Konersmann hat in diesem Zusammenhang darauf hingewiesen, dass das Selbstbegründungsverfahren des Cartesianismus ein

39 ebd.: 6, Lyotard 1990b: 49.
40 Lyotard 1986: Kapitel 8-10.
41 Engelmann 1990: 8-9.
42 ebd.: 13.
43 „Ich denke, also bin ich."
44 Engelmann 1990: 13.

zunächst sehr erfolgreicher Versuch war, den Diskurs zu umgehen. „Cogito ergo sum“ lebe gerade von der Voraussetzungslosigkeit.[45] Mit Descartes – und dieses ist die zweite Voraussetzung nach Lyotard – wird erstmals nicht nur das Subjekt als Denken aufgefasst, sondern – in Analogie dazu – das Objekt als Gedachtes. Die dualistische Konzeption von *res cogitans* und *res extensa* bestimmen nunmehr die Philosophie.[46] Sie bilden „die Pole der neuzeitlichen Rationalität, die von der Wissenschaft aus alle Bereiche der Gesellschaft als Norm durchdringt und sie formiert.“[47] Edmund Husserl spricht von Descartes deshalb auch als dem Begründer eines „transzendentalen Subjektivismus“[48].

Auf einen ganz anderen Aspekt, der doch mit der neuzeitlichen Subjektauffassung in enger Verbindung steht, hat Leo Kreutzer hingewiesen: die Entwertung lokalen Wissens.[49] Unter der Vorgabe, universales Wissen zu produzieren, das mittels „exterritorialer“ Institutionen heute quasi jedem zur Verfügung stehe, habe lokales Wissen mit dem Siegeszug der neuzeitlichen Wissenschaft entscheidend an Wert verloren.[50] Erst seit zwei Jahrzehnten könnte von einer ernsthaften Rehabilitation solchen Wissens die Rede sein.[51] Die aufklärerischen Prinzipien jedoch seien darauf ausgerichtet, „Forschungsgegenstände nie so wahrzunehmen, wie sie einer unmittelbaren Erfahrung gegeben sind.“[52] Vielmehr seien diese Gegenstände durch experimentelle Anordnungen, bestimmte Erhebungsverfahren, methodische Ansätze, Terminologien usw. bearbeitet und dekontextualisiert worden.[53] Damit hätte sich die menschliche Vernunft über die Natur erhoben, und deren Gesetze formuliert.[54] Dies gilt es sicherlich zu bedenken. Für die Phänomenologie, meine ich, muss hier allerdings eine Ausnahme gemacht und mithin betont werden, dass auch sie bereits auf eine über hundertjährige Tradition

45 Konersmann 2007: 81.
46 Jackson 1996: 30.
47 Engelmann 1990: 14.
48 Husserl 1995: 4ff.
49 Kreutzer 2004: 233.
50 ebd.: 232.
51 ebd.
52 ebd.: 234.
53 ebd.
54 ebd.: 235.

zurückblicken kann. Zumindest ihrem Anspruch nach will sie doch so wenig wie möglich in die Konstitution eines wissenschaftlichen Gegenstandes eingreifen. Noch genauer wird dies weiter unten im Husserl-Exkurs zu betrachten sein. Doch kehren wir vorerst zu Lyotard zurück.
Die Moderne zeichnet sich durch den Siegeszug einer Wissenschaft aus, die Lyotard „Techno-Wissenschaft“[55] nennt. Mit deren Hilfe male die moderne Erzählung folgendes Szenario:

> „[P]rogressive Emanzipation von Vernunft und Freiheit, progressive oder katastrophische Emanzipation der Arbeit (Quelle des entfremdeten Werts im Kapitalismus), Bereicherung der gesamten Menschheit durch den Fortschritt der kapitalistischen Techno-Wissenschaften und sogar, wenn man das Christentum selbst zur Moderne zählt (also im Gegensatz zum antiken Klassizismus) Heil der Kreaturen durch die Bekehrung der Seelen zur christischen [*cristique*] Erzählung von der Märtyrerliebe.“[56]

Im Gegensatz zum Narrativ bezieht sich diese moderne Erzählung nicht mehr auf die Vergangenheit (etwa auf einen Mythos), sondern auf ein noch zu Verwirklichendes (etwa die Aufklärung). „Techno-Wissenschaft“ ist für Lyotard wie „Auschwitz“ allerdings ein symbolischer Name, der das Projekt der Moderne nicht wie bei Habermas als unvollendet[57], sondern bereits als liquidiert, als zerstört kennzeichnet.[58] Denn als Beurteilungskriterium, so lautet sein einleuchtendes Argument, kenne die Techno-Wissenschaft nur den Erfolg, von dem sie gleichzeitig aber weder sagen könne, was dieser sei, noch, weshalb er gut oder richtig sei. Daher könne sie den Prozess ihrer eigenen Delegitimation nicht aufhalten, sondern beschleunige ihn im

55 Lyotard 1990b: 49. Anm.: Meines Wissens klärt Lyotard den Begriff „Techno-Wisssenschaft“ nicht eindeutig. Ich verstehe darunter eine gesellschaftliche Ideologie, die mit dem Fortschritt von Technologie und Wissenschaft dem technokratischen Projekt Vorschub leisten will und das Potential der Moderne – Vernunft, Freiheit – pervertiert. Die Techno-Wissenschaft basiert ihrerseits auf der Konzeption eines rational handelnden Subjekts, das sich die „unbelebte Natur“ für den menschlichen Fortschritt untertan macht (vgl. ebd.: 52).

56 ebd., Anm.: im Übrigen hält Lyotard Hegel für den Kristallisationspunkt einer solchen spekulativen Moderne (ebd.).

57 ebd.: 50, vgl. auch Lyotard 1990a: 35. Habermas’ Konzeption soll uns aus Platzgründen im Einzelnen hier nicht weiter interessieren. Festzuhalten ist jedoch, dass sich Lyotard vehement gegen Habermas’ Forderung, das Projekt der Moderne wieder aufzunehmen, stellt.

58 Lyotard 1990b: 50.

Gegenteil noch.[59] Unter solchen Umständen – Volksmord, systematische Liquidierung des Souveräns und Delegitimation – kann nach Lyotard die große Erzählung am Ende nicht mehr standhalten.[60]
Was die postmoderne Herausforderung im Sozialen anbelangt, so geht es für Lyotard um nichts weniger als den notwendigen Versuch, gesellschaftliche Beziehungen neu herzustellen und angemessene Formen menschlichen Zusammenlebens zu entwickeln.[61] Gesellschaftlichkeit an sich ist für Lyotard erst etwas Herzustellendes, die Moderne hat ihm zufolge eben dies versäumt.[62] Dabei – und Peter Engelmann konstatiert hier nüchtern: „das war und ist für die Linke der Skandal" – hält Lyotard auch den Marxismus in der Entwicklung einer kritischen Gesellschaftstheorie nicht für tragfähig: im Westen sei er schlicht ein Element zur Steuerung von gesellschaftlichen Schichten, im Ostblock habe er zum Totalitarismus geführt.[63] Auch die systemtreue bzw. funktionalistische Gesellschaftsalternative, die den Kapitalismus weiterhin stützt, entfällt für ihn selbstredend. Die zu realisierenden gesellschaftlichen Veränderungen siedelt Lyotard unterdessen auf einer neuen Ebene an: er bemüht seine Theorie der Sprachspiele, derzufolge in der Modernität und Postmodernität unterschiedliche sprachliche Spiele der Legitimation zur Anwendung kommen. Auch und gerade infolge des neuen Sprachspiels in der Postmoderne habe die spekulative bzw. die Emanzipationserzählung ihre Glaubwürdigkeit eingebüßt.[64] Das „Post-" in Postmoderne ist in dieser Hinsicht nicht als temporale Konjunktion, sondern vielmehr als ein Mittel der Distanzierung von einer Ideologie zu verstehen.[65] Es ist damit selbst ein Sprachspiel.
Eine gewisse diskursive Orientierungslosigkeit hält Lyotard im Übrigen für gegenwärtig unbedenklich: entgegen der Sicht einer dogmatischen Linken, postmoderne Gesellschaftlichkeit führe zu Werteverfall und Entfremdung, bewertet er diese Symptome als erlösende Veränderungen, die den Bruch

59 ebd.
60 ebd.: 51
61 Engelmann 1990: 10.
62 ebd.: 13f.
63 ebd.: 10.
64 ebd.: 11.
65 ebd.: 12.

mit der Moderne zeitigen.[66] Eine solche Sicht wird freilich von anderen Theoretikern nicht geteilt. Aus ethnologischer Perspektive vermerkt etwa Hermann Amborn, das von Paul Feyerabend geprägte Credo eines *Anything goes*, welches in Stephen Tyler einen ethnologischen Hauptvertreter gefunden habe, könne verheerende Folgen haben, etwa, wenn Tyler eine Frage wie „Darf man faschistisches Denken weiterdenken?" ohne zu zögern mit „Ja" zu beantworten vermag, weil für ihn eine jede regulative Ethik noch „Ausdruck des alten Geistes" ist.[67] Im Übrigen stellt Amborn die qualitative Verwandtschaft eines „Alles geht" zu einem „Nichts geht" heraus, welches Wissenschaft letztlich in ein „schwarzes Loch" führe.[68]

Kehren wir jedoch in der Frage nach dem Verbleib der Wissenschaft noch einmal zu Lyotard zurück: Für ihn kann postmoderne Wissenschaft geradezu nur als Projekt der Delegitimierung bestehen. Noch einmal richtet er sich in aller Deutlichkeit gegen Habermas, der (angeblich) die Wiedergewinnung gesellschaftlicher Einheit zur Vollendung der Moderne auch für die Wissenschaft geltend machen will.[69] Entgegen der Hegelschen Konzeption einer sich totalisierenden Erfahrung fordert Lyotard gerade die Uneinheitlichkeit:

> „Das Postmoderne wäre dasjenige, das im Modernen in der Darstellung selbst auf ein Nicht-Darstellbares anspielt; das sich dem Trost der guten Formen verweigert, dem Konsensus eines Geschmacks, der ermöglicht, die Sehnsucht nach dem Unmöglichen gemeinsam zu finden und zu teilen [...]"[70]

Es ist vielleicht genau dieses Nicht-Darstellbare, was der Postmoderne ihren eigenartigen Charakter gibt. Auch wenn gerade jetzt die Suche nach neuen Darstellungen wieder aufgenommen wird, so vielleicht deshalb, um das „Gefühl zu schärfen, dass es ein Undarstellbares gibt."[71] Auf dieses Paradoxon werde ich noch mehrfach zurückkommen.

Das Vorhaben, mittels eines (notwendig darstellenden) Textes wie diesem die Postmoderne präsentieren zu wollen, muss jetzt widersprüchliche Züge

66 ebd.: 12.
67 Amborn 1993b: 21.
68 ebd.
69 Lyotard 1990a: 33f.
70 ebd.: 47.
71 ebd.

annehmen. Denn unsere Sprache des Zeichens[72] suggeriert permanent, etwas umfassend abzubilden, so, wie es ‚wirklich' ist – sie schafft metaphysische Entitäten. Solcherlei Ganzheiten aber will die postmoderne Perspektive ja gerade vermeiden. Denn, so Lyotard, mit dem Vorhaben, etwas als Ganzes zu erfassen, drückt sich der Wunsch aus, den „Terror" erneut zu beginnen,

> „[...] das Phantasma der Umfassung der Wirklichkeit in die Tat umzusetzen. Die Antwort darauf lautet: Krieg dem Ganzen, zeugen wir für das Nicht-Darstellbare, aktivieren wir die Differenzen, retten wir die Differenzen, retten wir die Ehre des Namens."[73]

Primäre Aufgabe einer postmodernen Philosophie ist daher auch nicht die Generierung von Wirklichkeit, sondern die Suche nach Anspielungen auf das Undarstellbare.[74] Man denke nun vergleichsweise einmal an die Rhetorik eines ethnografischen Holismus![75]

Halten wir für den Augenblick fest, dass es aus dem metaphysischen Dilemma keinen absoluten Ausweg gibt. Derrida meint nichts anderes, wenn er formuliert: „Wir können keinen einzigen destruktiven Satz bilden, der nicht schon der Form, der Logik, den impliziten Erfordernissen dessen sich gefügt hätte, was er gerade in Frage stellen wollte."[76] Eine Kritik der Moderne kann offenkundig nur mit den Werkzeugen der Moderne geschehen, eine Vorstellung der Postmoderne nur mit den Mitteln, die sie ablehnt. Ich betrachte mein Unterfangen ganz in diesem Sinne auch als aporetisch.

Die *Krise der Repräsentation* ist vielleicht die unsanfte Probe auf's Exempel für die Konzeption eines Nicht-Darstellbaren. Behalten wir diese Konzeption deshalb für den folgenden Abschnitt, in dem zur Erinnerung einige ihrer wesentlichen Argumente vorgestellt werden sollen, im Bewusstsein. Der Gewinn einer solchen Revision wird sich spätestens in dem Moment auftun, wo es um die Frage einer Darstellung des Fremden *als*

72 Sprache funktioniert durch den Bezug vom Gesagten zum Gemeinten, von Signifikant (hier „Postmoderne") zu Signifikat (Postmoderne, Ende der Metaerzählung, Krise der Repräsentation usw.).

73 Lyotard 1990b: 49.

74 ebd.: 48.

75 Thornton 1993: 240-268.

76 Derrida 1991: 117f.

Fremden in der Ethnologie geht. Denn wie Iris Därmann m.E. zurecht behauptet, ist die Fremdbegegnung unmittelbar mit deren Darstellbarkeit verbunden:

> „Zieht man in Betracht, daß sich keine Erfahrung des Fremden der Konfiguration durch bestimmte Medien entziehen kann, dann gälte es den Versuch zu unternehmen, im Ausgang von unterschiedlichen Medien die Möglichkeit einer Erfindung des Fremden zu denken."[77]

Jede Darstellung von Fremdbegegnung und -erfahrung[78] kommt – das soll vorweg genommen werden – Gegenstandskonstruktion in der Ethnologie gleich. Inwiefern der Bestimmung des Fremden dabei aber eine tragende Rolle zukommt, wird noch zu zeigen sein.

1.2 Grundzüge der Repräsentationskrise

Wenn ich hier in aller Kürze vergegenwärtige, um welche Probleme einige der Fragen kreisen, die von der damals revolutionären Avantgarde in der Ethnologie – und auch in anderen Disziplinen – gestellt worden sind, so möge mir verziehen werden, dass der folgende Abschnitt mehr einem Gang durch ein Labyrinth als einer systematischen Untersuchung ähnelt. Aber ein Labyrinth ist kein Irrgarten: am Ende werden wir direkt ins Zentrum dieser Studie geleitet. Als Anhaltspunkt für das Vorhaben, die Repräsentationskrise mit der Frage nach der kulturellen Fremdheit und einer ethnologischen Ethik zu verknüpfen, kann uns zunächst dienen, was Franz M. Wimmer mit folgenden Worten ausdrückt:

> „[W]er immer die Verhaltensweisen einer menschlichen Gruppe beschreibt, muß sich einer distanzierenden Sprache und Methode

77 Därmann 1996: 57. Im Übrigen verweist die Autorin im gleichen Atemzug auf Derrida, der die Erfindung der Sprache und Schrift als „die Erfindung der Erfindung" versteht (zit. n. ebd.).

78 Waldenfels hat kritisch auf die Unbefangenheit bei der Verwendung des Begriffs „Fremderfahrung" hingewiesen. Ich stimme dem zu, insoweit, als der Begriff zum Teil eine relative Unschärfe aufweist. Andererseits trägt er dem Rechnung, dass in der Erfahrungswissenschaft Ethnologie die Konfrontation mit dem Fremden i.d.R. auch als Erfahrung erfolgt, und nicht z.B. im Modus des Experiments oder nur als ‚Fremd-Sprache' etc. Mit dem Erfahrungsbegriff werde ich mich zu gegebenem Zeitpunkt näher beschäftigen.

> bedienen, muß diese Gruppe mit sprachlichen und begrifflichen Mitteln beschreiben, die nicht oder zumindest in wesentlichen Teilen nicht von ihr selbst stammen. Er muß daher, wenn er den Anspruch der Wissenschaftlichkeit erhebt, zugleich implizieren, daß der von ihm beschriebene Gegenstand - das fremde Kollektiv - selbst nicht in der Lage ist, eine vergleichbar wissenschaftliche Theorie über sich selbst hervorzubringen."[79]

Bevor ich allerdings direkt in einige Aspekte der Debatte einsteige, will ich mit Waldenfels und Fabian die Termini ‚Repräsentation' und ‚Ethnografie' problematisieren.[80] Viele Aspekte und Probleme der Krise der *ethnografischen Repräsentation* im Ganzen können bereits mit deren Überlegungen sichtbar gemacht werden.

1.2.1 „Repräsentation" und „Ethnografie" – zwei problematische Begriffe

Waldenfels hat in seinem sehr erhellenden Aufsatz PARADOXIEN ETHNOGRAPHISCHER FREMDDARSTELLUNG unter anderem die ‚Vielstimmigkeit' des Repräsentationsbegriffs thematisiert. Er macht im Deutschen – ohne Anspruch auf Vollständigkeit – vier unterschiedliche Bedeutungen aus, die der lateinische Begriff nicht weiter differenziere. Gemeint sind Repräsentation als Vorstellung, Vergegenwärtigung, Darstellung und Stellvertretung.[81] Im ethnologischen Repräsentationsdiskurs sind indes alle diese Bedeutungen am Platze. Eine kurze Vorstellung der Begrifflichkeiten erscheint daher sinnvoll.

1. Als ***Vorstellung*** verweist der Begriff auf eine Erkenntnisproblematik, wie bereits im Kapitel zur Postmoderne angesprochen. Seit Descartes lassen sich im Subjekt die „Voraussetzungen eines vorstellenden Denkens, das in der *vis repraesentativa* [...] das Grundvermögen der Seele und in der

79 Wimmer 1994, abrufbar unter: <http://www.univie.ac.at/WIGIP/wimmer/1994Ethnologie.html> [6.3.2010].

80 Waldenfels 2002: 153ff. und Fabian 1993: 337ff.

81 Waldenfels 2002: 153. Anm.: Waldenfels ist damit nicht alleine. Iris Därmann etwa übernimmt diese Differenzierung in ihrer Habilitationsschrift FREMDE MONDE DER VERNUNFT. *Die ethnologische Provokation der Philosophie*. München, 2005.

Beziehung zwischen psychischer Innen- und physischer Außenwelt das Grundproblem der Erkenntnis erblickt [...]" lokalisieren.[82] Treffend ist hier die Situation des Ethnologen beschrieben, der sich, von der Feldforschung zurückgekehrt, am heimischen Schreibtisch der komplexen Aufgabe stellt, seine Ethnografika zu Papier zu bringen. Er muss sich die Bezugskultur dazu erneut *vorstellen*.

2. Als ***Vergegenwärtigung*** ordnet sich der Repräsentationsbegriff den zeitlich-räumlichen Dimensionen von Erfahrung unter.[83] Die beschriebene Kultur wird ‚re-präsentiert', in die Gegenwart geholt, zeitlich, wie räumlich. Es ist dabei einleuchtend, dass die ethnografische Repräsentation ihren Sinn gerade aus der Abwesenheit der Anderen bezieht.[84] Johannes Fabian nimmt die Absenz daher zum Ausgangspunkt für eine wesentlich bescheidenere Konzeption von Repräsentation als die herkömmliche: für ihn ist Repräsentation Präsenz im Sinne einer Konvergenz der Bewegung „von hier nach dort und vom Damals zum Jetzt."[85] Repräsentation beansprucht dabei nicht eine spiegelhafte Abbildung der Fremdkultur, sondern fängt sie gleichsam ein, holt sie in die Präsenz. Eine solche Repräsentationshaltung betrachtet Fabian indes als *Praxis,* sie ist performativ. Bedingung von Performances – so fährt er in seiner Argumentation fort – ist jedoch die Anwesenheit eines Publikums. Entsprechend sollte Repräsentation ihre Autorität nicht aus ihrer Kongruenz und Logik beziehen, sondern vielmehr aus ihrer kommunikativen Kraft.[86] Diese Variante wird später für eine Konzeption von Fremderfahrung nochmals von Bedeutung sein.

3. ***Darstellung*** bezieht sich offenkundig auf den Kern der Repräsentationskrise. Das erhöhte Interesse der Ethnologie an Darstellungsfragen ist nicht zuletzt auf eine vorrangige Konzeption von Repräsentation als Darstellung zurückzuführen. Die Husserlsche

82 ebd.: 154. Hervorhebungen im Original, Rabinow 1993: 159.
83 ebd.
84 Dumont 1986: 359, zit. n. Fabian 1993: 337.
85 ebd.: 338.
86 ebd.: 339.

Kritik einer vornehmlich medialisierten Wahrnehmungsform der Dinge, die einem unendlichen Regress von Bilder- und Zeichenfolgen Vorschub leiste, muss ebenfalls hier verortet werden.[87] Vor dem Hintergrund, dass wir uns in der wissenschaftlichen Arbeit mehrheitlich auf Erfahrungen, Ideen und Theorien beziehen, die in der Ethnologie bereits schriftlich fixiert worden sind, und nicht auf eigene primordiale Erfahrungen, bekommt diese Sicht einmal mehr Gewicht.

4. Als ***Stellvertretung*** schließlich bezieht sich Repräsentation darauf, dass etwas für etwas anderes steht, was selbst nicht zur Sprache kommt. Eine solche Repräsentation ist zwar vornehmlich in der olitisch-juristischen Sphäre anzutreffen, entfaltet ihre Wirkung aber bereits im Bereich des Zeichens: *aliquod stat pro aliquo* heißt es deshalb bei Waldenfels. In diesem Sinne – und nur in diesem – fragt er auch, ob Repräsentation letztlich nicht entbehrlich, weil sekundär, ist.[88] Diese Frage haben im Zuge der Krise eine ganze Reihe Autoren gewälzt und manche von ihnen schließlich eine historische Entscheidung getroffen: sie verzichten auf solcherlei Repräsentation.[89]

Vor dem Hintergrund dieser heterogenen Begriffsbedeutungen muss auch die pragmatische Lösung Waldenfels‘ gesehen werden, den Repräsentationsdiskurs zu vereinheitlichen. Er schlägt vor:

> „Die disparate Problematik, die unter dem notdürftigen Wortdach der ‚Repräsentation‘ versammelt ist, ließe sich vereinheitlichen, wenn man ausginge von einer *diskursiven Ordnung der Erfahrung,* die uns Fragen folgender Art aufgibt: (1) *Als was,* in welcher Bedeutung tritt das auf, was zur Erscheinung und zur Sprache kommt? (2) In welchen *raum-zeitlichen Kontexten* geschieht dies und (3) in welchen *Medien?* (4) *Wer* spricht, wenn etwas zur Sprache kommt?“[90]

87 Waldenfels 2002: 156.
88 ebd.: 157.
89 vgl. etwa Evokation bei Stephen Tyler oder die dialogische Ethnographie Vincent Crapanzanos.
90 Waldenfels 2002: 157. Hervorhebungen im Original.

Eine solche Systematisierung sollte in der Tat hilfreich sein, wenn es darum geht, Fremderfahrung zu fassen. Bereits jetzt müssen wir allerdings feststellen, was Waldenfels nur unzureichend berücksichtigt: Die Idiomatik der Repräsentation ist selbst problematisch. Denn zumindest, was die Konnotation der ‚Stellvertretung' betrifft, kann Repräsentation als „entmündigendes Ersetzen des Vertretenen" gefasst werden, eine Version, die der Abschaffung des Klienten in gewisser Weise zustimmt.[91] Bevor wir uns dieser Problematik aber von einer ganz anderen Seite erneut zuwenden, will ich zunächst in Schlaglichtern die „Ethnografie" beleuchten. Ihr Begriff gestaltet sich ebenso problematisch.

Für Johannes Fabian gibt es gute Gründe, bereits einen „rein indexikalischen" Gebrauch des Begriffs ‚Ethnografie' anzunehmen. Dabei beruft er sich dabei auf Pleonasmen wie ‚ethnografisches Schreiben' – *graphein* (gr.) heißt nichts anderes als ‚schreiben' – oder fehlerhafte Begriffsverwendungen, wie etwa bei ‚ethnografisches Museum'.[92] Was Fabians Verdacht allerdings am meisten erhärtet, ist, dass ‚Ethnografie' in gegensätzliche Beziehung zu ‚Theorie' gesetzt werde. Dabei besitze der Begriff in der Öffentlichkeit nach wie vor die Konnotation von Exotik, barbusigen Frauen und furchterregenden Fetischen.[93] Er behauptet deshalb:

> „Wann immer beim Gebrauch eines *terminus technicus* die Waagschale der Bedeutung stark zugunsten der Konnotation ausschlägt, drohen ideologische Verzerrung und schlichter intellektueller Betrug, wobei dann die Schuld zunächst einmal bei uns zu suchen ist und nicht beim Laien."[94]

Die ‚Ethnografie' als unschuldige Beschreibung von Völkern (bei einer Begriffsverwendung wie etwa ‚Geografie') zählt Fabian hier zu den stärksten ideologischen Verzerrungen. „Ethnoi" leide schon lange an einer pejorativen Konnotation, ihre Beschreibung habe schon immer eine „nominalistische Färbung".[95] Allerdings macht Fabian ebenfalls geltend, dass mit ‚Ethnografie' in der Regel das Produkt, und nicht der konstituierende Akt

91 Schmid 2006: 169.
92 Fabian 1993: 340.
93 ebd.: 341.
94 ebd. Hervorhebungen im Original.
95 ebd.: 342.

des Schreibens selbst bezeichnet werde.[96] Wenn dem auch zuzustimmen ist, so sollte das ausreichend Anlass zu einer vorsichtigen und bewussten Verwendung des Begriffs geben. Zu den wesentlichen Disjunktionen des Begriffs zählt Fabian, dass der Forscher im Feld bereits als Ethnograf bezeichnet werde. Die implizite Trennung der Ethnografie vom Schreiben trenne gleichfalls den Forschungs- vom Verschriftlichungsprozess. Es handle sich dabei aber um eine „rituelle Dramatisierung der räumlichen Distanz zwischen den Stätten der Beobachtung und den Orten des Schreibens."[97] Mit seinem Essay PRÄSENZ UND REPRÄSENTATION bemüht sich Fabian daher auch um eine Rekontextualisierung der Ethnografie in der ethnologischen Theoriebildung.

Nun liegt es mir fern, obigen Versuch als Begriffsklärung oder –definition zu qualifizieren. Eher begreife ich ihn als eine Dekonstruktion. Die Definition halte ich im Übrigen auch für kontraproduktiv: Im Festschreiben eines Begriffs auf ein definitorisches *telos* hin würde dieser seiner Bedeutungen, die immer mitschwingen, beraubt, wie in der Musik ein Ton seiner Obertöne, die ihm freilich erst seinen vollen Klang verleihen. Unter diesen Umständen bewerten etwa auch Eberhard Berg und Martin Fuchs die Vielschichtigkeit des Repräsentationsbegriffs positiv.[98] Äquivozität erleichtert zwar die Kommunikation (zumal in der Wissenschaft) nicht, im Gegenteil, sie verlangt zusätzliche Sensibilität. Dennoch würde eine Definition genau der totalisierenden Praxis entsprechen, die wir vermeiden wollen. Spätestens mit Bachtins Idee der Heteroglossie[99] ist zu Bewusstsein gekommen, dass es ohnehin keine neutralen Worte gibt: alles ist usurpiert, besetzt, von Machtstrukturen durchzogen, alles ist „heteroglotte Weltauffassung".[100] Auch das postmoderne Differenzdenken bezieht sich in ähnlicher Weise auf die Nicht-Identität der Sprache, auf die DIFFÉRANCE.[101]

96 ebd.
97 ebd.: 343.
98 Berg und Fuchs 1993: 9.
99 Heteroglossie meint die Vielstimmigkeit von Einzelstimmen.
100 zit. n. Clifford 1993: 136.
101 Derrida 1990, Engelmann 1990: 23.

1.2.2 Autorität und Autor

Der Figur des Autors kommt in der Repräsentationskrise übergeordnete Bedeutung zu. Hatte sich in der Zeit zwischen 1900 und 1960 der Ethnograf sukzessive mit einer unhinterfragten Autorität ausgestattet[102], so wird jene Figur des Autors in der *Writing-Culture-Debatte* nun Gegenstand dekonstruktiver Diskussion.

James Clifford hat in seinem Essay ÜBER ETHNOGRAPHISCHE AUTORITÄT überzeugend dargelegt, wie sich historisch die Legitimation der Autorfigur in der ethnografischen Monografie vollzogen und zu den lange Zeit legitimen Konventionen ethnologischen Schreibens beigetragen hat.[103] Clifford macht zahlreiche Aspekte aus, die der Etablierung der ethnografischen Autorität gelegen waren und dessen Repräsentationen im Laufe des 20. Jahrhunderts den wissenschaftlichen Status haben zuteil werden lassen.[104] Bemerkenswert ist dabei, dass er auch einzelne wissenschaftliche Persönlichkeiten wie Mead oder Griaule dazu zählt. Selbige Autoren hätten vor allem gesellschaftlich zu einer Aufwertung ethnografischer Darstellungen beigetragen und den Ethnologen – im Gegensatz zum Missionar oder einfachen Reisenden – als Fachmann für Kultur etabliert.[105] Aufgrund des wachsenden gesellschaftlichen Prestiges, so heißt es bei Clifford weiter, seien fachliche Kriterien dabei zusehends in den Hintergrund gerückt.[106] Vor diesem Panorama ist etwa auch Evans-Pritchards berühmte Monografie mit dem bescheidenen Titel THE NUER, die eine ganze Kultur darzustellen beansprucht, zugleich aber nur auf einer elf Monate dauernden, nach eigenen Angaben sehr problematischen Feldforschung beruhte, zu sehen.[107] Sie schöpft ihre wissenschaftliche Ambition offenbar *auch* aus einem spezifischen Konzept von Autorschaft. Die Frage nach der Repräsentierbarkeit oder gar nach den potentiellen

102 Clifford 1993: 113.
103 ebd.: 114.
104 ebd.: 120-123.
105 ebd.: 120.
106 ebd.: 126.
107 ebd.: 124.

Konsequenzen von Repräsentation stellt sie freilich nicht.[108]

Woher stammt also die ethnografische Kompetenz? Die Antwort erscheint trivial: Der Ethnologe bezieht seine Autorität in aller Regel daraus, *dort* gewesen zu sein. Er hat gesehen, wie die fremde Lebenswelt ‚wirklich' ist. In die Geschichte zurückblickend stellt Volker Gottowik indes auch fest, dass bereits mit den frühen Methodiken für Forschungsreisen, den Apodemiken des späten 16. Jahrhunderts „die Autopsie zur Voraussetzung eines jeden Erkenntniszuwachses erklärt" worden ist.[109] Dieses Konzept reicht bis heute in die Gegenwart. Auch der moderne Ethnologe muss seine ‚echten' Erfahrungen, die er bereits in seinem Feldnotizbuch getreulich festgehalten hat, „nur" noch systematisieren und niederschreiben.

Nun könnte man denken, der Rekurs auf Erfahrungen sollte in einem modernen Zeitalter schon längst kein Gewicht mehr gehabt haben; es sei hier etwa an den skizzierten „Fortschritt" der Techno-Wissenschaften erinnert, der gerade im 20. Jahrhundert seine enorme Wirkung entfaltet hat.[110] Clifford behauptet dennoch: gerade weil Erfahrung so schwer zu definieren sei, habe sie lange Zeit die ethnografische Autorität gestützt.[111] Überdies habe man mit dem Rekurs auf Diltheys Hermeneutik der Erfahrungswissenschaft Ethnologie theoretische Kontingenz verliehen.[112]

Mit der interpretativen Wende nimmt die „Entwöhnung von der ethnografischen Autorität"[113] jedoch ihren Lauf – nach Clifford allerdings auf paradoxe Weise. Unter Berufung auf Ricoeur werde zwar gerade in der Textwerdung das „sinnhafte Korpus" in seinem Verhältnis zum Kontext stabilisiert (Clifford formuliert, es würden hier „Synekdochenfelder geschaffen, in denen die Teile zum jeweiligen Ganzen in Beziehung stehen"[114], man könnte diesen Vorgang provisorisch auch ‚imaginäre

108 Mir liegt es fern, Evans-Pritchard hier als wissenschaftliche Persönlichkeit anzugreifen. Ich halte es im Gegenteil für unsinnig, seine totalisierende Praxis o.ä. zu kritisieren. Vielmehr zitiere ich Evans-Pritchard als ein quasi beliebig ausgewähltes Beispiel für den Hinweis, dass man immer auch Kind seiner Zeit ist.

109 Gottowik 1997: 144.

110 Lyotard 1990: 49ff.

111 Clifford 1993: 130.

112 ebd.

113 ebd.: 135.

114 ebd.: 131.

Relationierung' nennen), gleichzeitig verschwindet jedoch der Autor hinter dem Text. Die so genannten *Fables of Rapport* würden daher zwar erzählen, wie sich der Ethnograf im Feld eingerichtet habe, nachfolgend verschwände er aber aus dem Gesichtsfeld. Clifford Geertz berühmter Hahnenkampf-Essay und die Schilderung, wie er, durch die Polizeirazzia bedingt, Teil der Gruppe geworden sei, wird hierfür gern als Paradebeispiel angeführt.[115]

Zum Tod des Autors, wie ihn Foucault und Barthes im Zusammenhang mit der Diskurstheorie bereits 1977 proklamieren[116], kommt es in der Interpretativen Ethnologie m.E. deshalb gerade nicht. Erst ein Jahrzehnt später wird der ethnologische Autor bald als „hybride Person" konzipiert[117] und ist etwa nach Martin Fuchs als eine heteroglotte Vermischung von Stimmen aufzugreifen, in der sich die Autorenstimme mit denen der Ethnografierten polyphon überlagere, „wie im Modell der Frequenzmodulation [...]."[118] Dennoch ist Autorschaft auch heute noch offenkundig ein legitimes Konzept. Was sich verändert hat, ist dessen Autorität. So wird von Kevin Dwyer schließlich im Zuge der Dekonstruktion des Ethnografen eine „Hermeneutik der Verwundbarkeit" ins Leben gerufen, die nicht nur die Brüche und Zerrissenheit einer Feldforschung thematisieren soll, sondern auch die unvollkommene Kontrolle des Autors über die Ethnografie selbst.[119]

Eine solcherart verstandene Hermeneutik stellt indes die diskursiven Elemente in den Vordergrund, die bei Ricoeur in seiner Texthermeneutik ausgeblendet werden.[120] Ob der Autor dabei nicht länger als ein „sprechendes Individuum, das einen Text [...] geschrieben hat, sondern [...] [als ein] Prinzip der Gruppierung von Diskursen, als Einheit und Ursprung ihrer Bedeutungen, als Mittelpunkt ihres Zusammenhalts"[121] zu konzipieren

115 ebd.: 134.

116 Mills 2007: 77f. Anm.: Während ich dies schreibe, muss ich zugeben, dass ich mich fortlaufend auf andere Autoren als Autoritäten beziehe und mich selbst als Autor(ität) inszeniere. Autorschaft ist nach wie vor ein gängiges Prinzip der Organisation und Regulierung von Diskursen.

117 Fuchs 1997: 321.

118 ebd.: 325.

119 Clifford 1993: 137.

120 Clifford 1993: 137f.

121 Foucault 1977a: 19, zit. n. Mills 2007: 77f.

ist, wie Foucault es fordert, wage ich hier in der gebotenen Kürze nicht zu entscheiden. Mit Foucault müsste man allerdings sagen, dass historisch das Konzept der Autorschaft im Diskurs der Ethnologie lange Zeit gefragt und geschätzt war.[122] Seine Dekonstruktion im Laufe der 80er Jahre ist untrennbar verbunden mit der Infragestellung einer ganzen Wissenschaftsauffassung, die weite Kreise gezogen hat.

1.2.3 Reflexivität, Objektivität und Wahrheit

Die Suche nach alternativen ethnografischen Darstellungsmodi im Zuge der Krise ist mehr als eine Genrefrage. Vergegenwärtigt man etwa die Bände von Clifford, Marcus und Fischer, so kumulieren hier paradigmatische Fragen zu unserer – wie sich bald herausstellen wird, spezifischen – Wissenschaftskonzeption.[123] *Eine* ganz wesentliche Stellung nehmen hier epistemologische Haltungen ein.

Die spezifische Axiomatik einer Theorie der Erkenntnis wird seit der Krise der Ethnologie häufig diskutiert. So hat etwa Paul Rabinow gefordert, das Epistemologiekonzept von Erkenntnis als *adäquater innerer Repräsentation*, das vom 17. Jahrhundert an die Philosophie dominiert, als nur *eine* spezifische Erscheinung im Verlauf der Philosophiegeschichte einzuordnen.[124] Michael Jacksons Vorstoß geht in eine ganz ähnliche Richtung, wenn er konstatiert: „[...] ideas can be meaningful and have useful consequences even when they are epistemologically unwarranted."[125] Von Annette Hornbacher wird ferner darauf verwiesen, wie ethnologische Aneignungsbemühungen die kulturelle Selbstdeutung der Gastgebergesellschaft zum Teil schlicht ignorieren[126] und Klaus-Peter Koepping zitiert einen Hopi-Clanführer wie folgt: „Ah, noch einer von diesen gebildeten Idioten. Warum bekommt ihr eigentlich einen PhD,

122 ebd.: 78.

123 vgl. hierzu Tyler 1991: DAS UNAUSSPRECHLICHE. *Ethnographie, Diskurs und Rhetorik in der postmodernen Welt.* München.

124 Rabinow 1993: 158-160. Anm.: Man beachte in diesem Gedanken die Nähe der Erkenntnisproblematik zur Repräsentationsfrage. Auch Johannes Fabian weist darauf hin, dass herkömmlich in der Philosophie Repräsentation als eine Frage der Genauigkeit der Übereinstimmung von Realität und ihrer Reproduktion im Bewusstsein betrachtet wurde (vgl. Fabian 1993: 336).

125 Jackson 1996: 13.

126 Hornbacher 1993: 41.

während doch wir das ganze Wissen haben, welches ihr – oft falsch – in Büchern aufschreibt? Eigentlich sollten wir einen Titel bekommen."[127] Alle diese Autoren zeigen, dass Erkenntnis – und hier ist natürlich die als ‚ethnologisch relevant' sanktionierte Erkenntnis gemeint – mehr meint, als die perfekte Kongruenz einer Erkenntnis*theorie* mit der empirischen Wirklichkeit. Worin besteht also die Unzulänglichkeit unserer Epistemologie?

Einen denkwürdigen Beitrag hat hierzu in jüngerer Vergangenheit die radikale poststrukturalistisch-feministische Theoretikerin Susan Strega geleistet. Sie rekapituliert die abendländisch-aufklärerischen Rahmenbedingungen von Erkenntnis so:

> „[...] Enlightenment epistemology rests on a dualistic foundation, in which qualities such as rationality, reason, objectivity, and impartiality are privileged over and opposed to irrationality, emotion, subjectivity, and partiality. The claim that only rational, objective, and abstract thought can lead to truth is a specifically White masculine claim. It rests on a hierarchical system of dualisms between White male and coloured (classed) female in which the White male element is privileged over the coloured (classed) female element. This dualism is everywhere in Western/Eurocentric thought, and it is always oppositional and hierarchical, never neutral."[128]

Die hier angesprochene *Gender*-Problematik will ich beiseite lassen. Ihre angemessene Behandlung würde eine eigene Forschungsarbeit erfordern, was selbstredend von etlichen Autoren bereits in Angriff genommen worden ist.[129] Von der *Gender*-Perspektive abgesehen lässt sich aber ganz allgemein feststellen: Wissenschaft ist niemals neutral! Für Strega bildet die Wissenschaftsauffassung vielmehr bis zum Seinsverständnis der Welt hin eine Reihe der spezifischen Prägung: wissenschaftliche Methoden, so heißt es bei ihr, hängen immer unmittelbar mit Methodologien zusammen, die

127 Koepping 1981: 310, zit. n. Hornbacher 1993: 41.

128 Strega 2005: 214.

129 Einen Hinweis auf die Prominenz der Gender-Forschung zeigt etwa die Internetpräsenz der FU Berlin „Gender-Politik-Online", dem Portal des Fachbereichs Politik- und Sozialwissenschaften der Freien Universität Berlin. <http://web.fu-berlin.de/gpo/index.htm> [16.3.2010]

ihrerseits auf bestimmten Epistemologien beruhen. Diesen wiederum liegen schließlich bestimmte Ontologien zugrunde.[130]
Was die Hegemonie der aufklärerischen Epistemologie[131] anbelangt, so hat sich laut Strega bisher noch keine gangbare Alternative durchsetzen können. Im Gegenteil: der ewige Legitimationsdruck in Bezug auf eine positivistische Weltauffassung habe deren Vormachtstellung nur weiter bestärkt.[132] Nüchtern konstatiert sie deshalb, dass selbst kritische und subalterne Ansätze in der Ethnologie durch die unangefochtene Annahme, Realität könne aufgedeckt und abgebildet werden, stets einer Ideologie der Aufklärung verhaftet blieben.[133] Dass es sich bei Realität aber vielmehr um Bedeutung handle, die von Menschen durch soziale Interaktion geschaffen und ausgehandelt werde,[134] und infolgedessen nicht einfach empirisch fassbar sei, könnten auch sie nicht vollständig anerkennen. Von Johannes Fabian konnte indes gezeigt werden, dass die Krise einer objektivistischen Ethnografie zugleich die Krise einer sehr spezifischen Auffassung von Realismus darstellt. Das mit Strega bereits skizzierte Dilemma bringt er wie folgt zum Ausdruck: „Das, was falsch war am ethnographischen Realismus (als literarische Konvention), war nicht sein Realismus (als epistemologische Haltung), sondern das klammheimliche Ersetzen des letzteren durch den ersteren."[135] Was eigentlich nur als Anspruch existieren darf, ist Fabian zufolge zur bloßen Konvention verkommen. Ein naturalistisches Verständnis von Ethnografie kritisiert er daher scharf, und fordert die Explikation möglichst aller „Produktionsmittel", die einer Ethnografie zu ihrer spezifischen Form verholfen haben, so etwa autobiografische Elemente, Machtverhältnisse im Feld, wissenschaftliche Regeln, literarische Formen usw.[136] Im Umkehrschluss bedeutet das aber auch,

130 Strega 2005: 199, vgl. auch Kovach 2005: 32.
131 Diese muss nun, wie gezeigt, immer im Kontext von Methodologie auf der einen und Ontologie auf der anderen Seite gesehen werden.
132 ebd.: 207.
133 ebd.: 208.
134 ebd.: 206.
135 Fabian 1993: 347.
136 ebd.: 352.

> „ethnographische[n] Repräsentationen, die mit dem, was sie repräsentieren (oder zu repräsentieren vorgeben), isomorph sind, mit Argwohn [zu] begegnen; höchstwahrscheinlich fehlt es ihnen an dem, was Erkenntnis von Nachahmung [*mimicry*] unterscheidet.“[137]

Damit setzt Fabian freilich Maßstäbe, deren Prüfung sich auch dialogische Ansätze zu unterziehen hätten, bewahren doch gerade sie „nicht automatisch den dialogischen Charakter des Erkenntnisprozesses.“[138] In diesem Sinne ist der folgende Hinweis Volker Gottowiks auch alles andere als trivial. Nach ihm stellt jedes Bild, das die Ethnografie von der Welt erzeugt, weder getreues Abbild, noch völlige Beliebigkeit dar, sondern vielmehr einen Entwurf und eine Version, die immer auch ihre eigenen Anteile mit zur Darstellung bringt.[139] Gottowik deutet das jedoch positiv. Denn die jeweils der Fremdkultur inhärenten, emischen Konzeptionen zum Ausgangspunkt für wissenschaftliche Erkenntnis erklären zu wollen, würde dementgegen die Schwierigkeit bergen, Subjekt und Objekt nicht mehr unterscheiden zu können.[140] Wie wir weiter unten allerdings in einem phänomenologischen Exkurs sehen werden, gilt dies grundsätzlich für alle erfahrungswissenschaftlich gewonnenen Einsichten. Mehr noch: die Gleichzeitigkeit von Subjekt- und Objektexistenz von *Ego* bilden ein Grundprinzip menschlichen Lebens.[141] Ich werde den Objektivitätsbegriff daher dort nochmals aufnehmen.

Objektivität erweist sich bei all diesen Ausführungen allenfalls als Hilfskonstruktion, niemals aber als empirisch-ethnografische Realität. Paul Rabinow dekonstruiert den Objektivitätsbegriff als historisches Resultat der Festlegung bestimmter Bedingungen von Erkenntnis. Objektivität ist demnach keine absolute Größe, sondern nur das, was den *Bedingungen* Rechnung trägt.[142] Ein solcher Begriff erinnert freilich nicht nur stark an Foucaults Vorstellung eines Epistems als diskursivem Grundelement, das festlegt, was als Wissen gelten darf[143], sondern an die Regulierungs- und

137 ebd.
138 ebd.: 351.
139 Gottowik 1997: 319.
140 Jamme 2002: 194.
141 Jackson 1996: 21.
142 Rabinow 1993: 163.
143 Mills 2007: 60ff.

Ausschlussmechanismen im Allgemeinen, wie sie Foucault in seiner ORDNUNG DES DISKURSES darlegt.[144] Eine „wahre" Aussage würde sich in dieser Hinsicht mehr „im Wahren" befinden, wie Foucault sagt, als dass sie tatsächlich wahr wäre.[145] Die Wahrheit selbst ist für ihn letztlich unergründlich, soziale Realität hat allein ihre diskursive Aushandlung.[146] Damit ergibt sich Rabinow zufolge ein neues Forschungsfeld, das mit dem traditionellen Forschungsgegenstand der Ethnologie nicht mehr viel gemeinsam hat: wir selbst. Seine Bedingung lautet vor allem: „Wir müssen den Westen anthropologisieren." Die zentrale Herausforderung einer zeitgenössischen Ethnologie sei vor allem, die historische Projektion unserer eigenen kulturellen Praxis auf andere zu untersuchen.[147]

Eine so fundamentale Infragestellung der eigenen epistemologischen Tradition erscheint mir insofern wichtig, als sie deren Grenzen umso deutlicher aufzeigt. Dass Rabinow mit der Anthropologisierung des Westens zugleich die Entwicklung einer Theorie des Anderen für überkommen erklärt[148], halte ich allerdings für falsch. Zwar kann er damit seinem Projekt eines kosmopolitischen Ethos[149] Vorschub leisten, vergisst aber, dass eine Theorie des Eigenen zugleich eine Theorie des Fremden bedingt und *vice versa*. Auch Annette Hornbacher verweist hier auf Rabinows zirkuläre Argumentation: „Da für ihn von vornherein feststeht, dass das westliche Konzept vom Fremden ebenso wie dessen Repräsentation insgesamt nur rhetorisches Konstrukt eigener sozialer Verhältnisse – und damit bloßer Ausdruck von Macht"[150] ist, würde auch dem eigenen, postmodern-kritischen Anspruch die Grundlage entzogen: „[D]enn wenn Vernunft nichts als Macht und Erkenntnis insgesamt nur rhetorische Manipulation ist, fehlt jeder Ansatzpunkt für eine Unterscheidung zwischen Ideologie und Vernunft und damit die Möglichkeit zur Kritik selbst [...]."[151] Vor diesem Hintergrund ist Rabinows Dekonstruktion der eigenen Geistesgeschichte

144 Foucault 2007: 7-49.
145 ebd.: 25, vgl. auch Mills 2007: 35f.
146 Mills 2007: 35ff.
147 ebd.
148 ebd.
149 Hornbacher 2006b: 25.
150 ebd.: 24.
151 ebd.

und ihren hegemonialen Erscheinungsformen zwar wichtig, kann aber der Problematik des Fremden nicht gerecht werden. Eine adäquate Theorie des Fremden sollte fähig sein, auch zur Erkenntnis des Eigenen beizutragen.
Wir befinden uns bereits inmitten eines Fragenkomplexes zur ‚Reflexivität' in der Ethnologie. Denn so wenig die objektivistische *certidudo sui* noch aufrecht zu erhalten ist, so sehr fordert der ethnologische Gegenstand die Reflexion als zentralen methodischen Griff ein. Pierre Bourdieu war bekanntlich bemüht, eine Form wissenschaftlicher Reflexivität zu entwickeln, die nicht nur die „‚erlebte Erfahrung' des wissenden Subjekts" expliziert, sondern gleichfalls „die sozialen Bedingungen dieser Erfahrungsmöglichkeit und, genauer gesagt, des Aktes der Objektivierung [zu] objektivieren" vermag.[152] Eine solche Reflexivität – so sein Anliegen – könnte das Selbstverständnis von Intellektuellen, sich selbst bar jeder sozialen Bestimmtheit zu verstehen, zuvorderst in Frage stellen. Durch die Objektivierung der objektivsten sozialen Tatsachen gelange man gerade zum subjektiven Kern eines Denkers:

> „Die Sozialgeschichte und die Soziologie der Soziologie, verstanden als Erforschung des wissenschaftlichen Unbewussten des Soziologen, vermittelt durch die Formulierung der Problemgenese, der Denkkategorien und der von ihm eingesetzten Untersuchungswerkzeuge, bilden die absolute Grundvoraussetzung für die wissenschaftliche Praxis."[153]

Ob diese „wissenschaftliche Reflexivität" aber die Grundlage von Sozialwissenschaft erst herausbildet[154], wie Bourdieu beteuert, sei dahingestellt. Hier sei nur angemerkt, dass die Theoretisierung von Reflexivität bei Bourdieu die Sicherung von Objektivität im Visier hat – jenen Anspruch also, den wir gerade für überkommen erklärt hatten.[155] Ich halte Reflexivität allerdings für eine ethnologische Kernkompetenz, mit der die verlorene Wahrheit und Objektivität nicht nur kompensiert, sondern ihr zugrunde liegender Anspruch letztlich *ad acta* gelegt werden kann – freilich zugunsten anderer, innovativer Wissenschaftsauffassungen.

152 Bourdieu 1993: 365.
153 ebd.: 372.
154 ebd.: 373.
155 Langenohl 2009: 15.

1.2.4 Othering und Ethnografie

Hat herkömmliches ethnologisches Verstehen die Trennung von Subjekt und Objekt zur Grundlage[156] und war historisch die Teilnahme immer der Beobachtung unterstellt[157], so wurde dennoch die Distanz zum Gegenstand im 20. Jahrhundert zugleich immer stärker verringert. Es sei hier exemplarisch verwiesen auf drei große fachgeschichtliche Einschnitte, die diese Bewegung nachzeichnen: die Etablierung der Teilnehmenden Beobachtung[158], wie Malinowski sie in ARGONAUTEN DES WESTLICHEN PAZIFIK 1922 entwirft, Clifford Geertz' paradigmatische Aufsätze in DICHTE BESCHREIBUNG[159] und neuere dialogische Ansätze wie Crapanzanos TUHAMI[160]. Man könnte einen solchen Prozess auch als Verlagerung des Schwerpunktes von der Beobachtung zur Teilnahme interpretieren. Wie Johannes Fabian zeigt, hat die gesteigerte Reflexivität historisch in jedem Fall dazu geführt, die Distanz zwischen erkennendem Subjekt und dem Anderen als Forschungsgegenstand als konstruiert zu begreifen.[161] Eine solche Distanz werde ihm zufolge damit noch verstärkt, dass Wissenschaft immer bedeute, eine weitere Ebene in Form eines „System[s] von Konzepten (eine Methode oder Logik) zwischen die Wirklichkeit und das Bewusstsein" zu schieben.[162] Hinsichtlich der Konstitution seines Gegenstands befindet sich der Ethnograf also notwendig in einem Dilemma, das die Teilnahme einerseits, und die Distanz andererseits erfordert.

Auch der Konstruktionscharakter ethnologischer Gegenstandsbestimmung wird in der Repräsentationsdebatte aufgedeckt und schonungslos kritisiert. Wie Karl-Heinz Kohl sich äußert, sollte das *othering* Mitte der 80er Jahre in der US-amerikanischen *Cultural Anthropology* zur schlimmsten Sünde eines Ethnologen werden,

> „obgleich der mit ihm bezeichnete Vorgang konstitutiv für ein Fach ist, das als Wissenschaft vom kulturell Fremden die Grenze zwischen dem Eigenen und dem Anderen schon immer zur epistemologischen und zur

156 Kohl 2002: 210.
157 Tyler 1993: 292.
158 vgl. hierzu Malinowski 1984.
159 vgl. Geertz 2002.
160 vgl. Crapanzano 1980.
161 Fabian 1993: 337.
162 ebd.

> methodologischen Prämisse hat, ja, sich des verfremdend-objektivierenden Blicks sogar bewusst bedient, wenn es darum geht, das Selbstverständliche der eigenen Kultur der wissenschaftlichen Analyse zugänglich zu machen."[163]

Es ist kein Zufall, dass sich im Zuge der Repräsentationskrise der ethnologische Gegenstand im Ganzen als konstruiert, als „gemacht" erweist. Denn die Kritik am auktorialen Repräsentationsmodus ist keine bloße Kritik eines literarischen Genres, sondern eine letztlich umfassende Wissenschaftskritik. So verstehe ich etwa Robert J. Thorntons Kritik der Rhetorik des ethnografischen Holismus[164] auch als Kritik einer holistischen Konzeption des ethnologischen Gegenstands selbst. Es mag indes auch einträglicher sein, ethnografisches Schreiben und seinen Gegenstand nicht zu trennen, sondern vielmehr deren gemeinsame Verankerung im Denken zu betrachten: Wenn ich mich mit einer holistischen Rhetorik über den Forschungsgegenstand äußere, dann wohl infolgedessen, dass ich in holistischen Konzepten über ihn *denke*. Thornton erkennt darin m.E. zurecht eine Art ethnografischer Sinngebung. Er sagt:

> „Ich vertrete die Auffassung, dass die Imagination von Ganzheiten einen rhetorischen Imperativ für die Ethnologie darstellt, da es diese Vorstellung von Ganzheit ist, die der Ethnographie einen Sinn von erfüllendem ‚Abschluss' verleiht, den andere Gattungen mit anderen rhetorischen Mitteln erreichen."[165]

Ob die konstruierten mereologischen Beziehungen und die Imagination des Ganzen allerdings, wie Thornton darzulegen versucht, der Überzeugung des Lesers hinsichtlich einer ursprünglich nicht wahrgenommenen Kohärenz, Rationalität und Bedeutung von Kultur dienen[166], oder vielmehr dem Prestige und Selbstbewusstsein des Forschers selbst zuträglich sein sollen, sei dahingestellt. Die oben skizzierte Totalisierungspraxis moderner Erzählungen[167] scheint sich aber in der Tat zu bestätigen. Zur Durchsetzung des ethnografischen Holismus kann Thornton nicht nur bestimmte Tropen – etwa die Synekdoche oder die Metonymie – identifizieren, sondern auch spezifische Klassifikationsprinzipien. So lasse sich die holistische

163 Kohl 2002: 210.
164 Thornton 1993.
165 Thornton 1993: 241.
166 ebd.: 253.
167 Lyotard 1990: 49.

Wirkungsweise schon auf einer formalen Ebene ablesen: „Bereits eine Numerierung [sic] von Kapiteln und Untertiteln legt eine rationalisierte, übergeordnete Logik nahe im Vergleich zu jener, die der fortlaufenden Erzählung selbst gegeben ist.“[168]

Auch in Bezug auf *othering* erweist sich die Figur des Ethnografen als zentral – dieses Mal sogar in doppelter Hinsicht. Er bestimmt und konstruiert nicht nur den Gegenstand durch die wissenschaftliche Distanz, seine Fragestellung, die eigene Biografie, institutionelle Zwänge usw., sondern stellt schlicht eine Art Projektionsfläche der fremden Kultur dar. Es ist nicht zu vernachlässigen, dass nur durch ihn das kulturelle Wissen der Fremdkultur überhaupt abgebildet und infolgedessen einer interessierten (wissenschaftlichen) Öffentlichkeit zugänglich gemacht werden kann. Im Übrigen hat Tobias Rees darauf hingewiesen, dass gleichfalls nicht nur die

> „jeweilige Persönlichkeit eines Forschers das Bild einer Kultur, das er zeichnet, einfärbt – denn es gibt keine klare Trennungslinie zwischen innerer und äußerer Wirklichkeit – sondern generell die Reduktion einer Kultur auf die vom Autor geschaffenen Bilder im Rahmen einer Repräsentation.“[169]

Selbigen Aspekt betont auch Karl-Heinz Kohl: er äußert zurecht, dass selbst in dialogischen Ansätzen ein Ethnograf nur das wiedergeben kann, was er selbst im empathischen Sinne verstanden hat.[170]

Das Spannungsfeld, in dem sich die unterschiedlichen Autoren der Repräsentationsdebatte nun dazu positionieren, ist denkbar groß: die Standpunkte reichen von grundlegender, aber jederzeit pragmatisch orientierter Kritik an der Konstruktion des ethnologischen Gegenstands bis hin zur totalen Repräsentationsverweigerung. So hält Tyler Repräsentation *per se* für die unlautere Dekontextualisierung und Zweckentfremdung von Information, die er mit folgenden Worten quittiert:

> „Jeder Akt der Repräsentation ist ein Akt politischer Unterdrückung. [...] Der Schritt vom Mündlichen zum Schriftlichen in der ‚Beschreibung‘ ist sowohl Re-Präsentation als auch Re-Pression.

168 Thornton 1993: 257.
169 Rees 1998: 2.
170 Kohl 2002: 223.

> Repräsentation heißt Repression, und das Schreiben ist das Verfahren der Repräsentation/Repression."[171]

Dem entgegen sieht Johannes Fabian die *Othering*-Problematik durchaus gelassen. Für ihn sind Untersuchungen über *othering* Untersuchungen über die Produktion des ethnologischen Gegenstands *per se*.[172] Er plädiert in diesem Sinne für eine unprätentiöse Begriffsverwendung von ‚Repräsentation' als wissenschaftliche Praxis, die versucht, die Erfahrungen des Ethnologen zu vergegenwärtigen, in die Präsenz zu holen. Dazu bemerkt er:

> „Dies würde uns helfen, zu erkennen, dass die Art und Weise, in der wir die Anderen ‚machen', gleichbedeutend ist mit der Art und Weise, in der wir uns selbst machen. Das Bedürfnis, *dort* hinzugehen (an exotische Orte, mögen sie weit weg sein oder gerade um die Ecke), ist in Wirklichkeit unser Verlangen, *hier* zu sein (unseren Platz in der Welt zu finden oder zu verteidigen). Der Drang, Ethnographien zu verfassen, zielt auf die Verwandlung des *Damals* in ein *Jetzt*. In dieser Bewegung vom Damals zum Jetzt erwächst Erkennen aus der Erfahrung. Beide Bewegungen – von hier nach dort und vom Damals zum Jetzt – konvergieren in dem, was ich Präsenz genannt habe. So würde ich den Prozess des *Othering* definieren."[173]

Ich möchte mich seiner Sichtweise anschließen. Es ist sicher nützlich, so genau wie möglich auf die Gefahren, die von der Konstitution und Konstruktion des ethnologischen Gegenstands ausgehen, hinzuweisen, und die Theoriebildung zur Schreibpraxis immer wieder zu untersuchen. Statt die Ethnologie dafür jedoch zu verurteilen, dass sie ihren Gegenstand eingrenzt und bestimmt, halte ich es für sinnvoller, die besonderen Umstände und Dilemmata, die damit einher gehen, in die Reflexion aufzunehmen und entsprechend zu relationieren.

Im folgenden Kapitel hoffe ich indes, deutlich machen zu können, dass alternative Darstellungsmodi als Innovation und Bereicherung zu begrüßen sind, die Repräsentationsproblematik jedoch nicht bewältigen können, weil diese ihren Ursprung woanders hat, als im Bereich der Darstellungsfragen.

171 Tyler 1993: 288.
172 Fabian 1993: 337.
173 ebd.: 338. Hervorhebungen im Original.

1.2.5 Dialog & Co.: Alternativen ethnografischer Repräsentation?

Im Anschluss an die Skizzen zum *othering* sollen hier weder die Vor- und Nachteile von „neuen" Repräsentationsformen diskutiert, noch die verschiedenen Ansätze überhaupt im Einzelnen vorgestellt werden. Ich will vielmehr nur auf einige Fragen aufmerksam machen, die sich in der Auseinandersetzung mit diesen Neuerungen ergeben haben.

Bereits etliche Autoren haben darauf verwiesen, dass experimentelle Darstellungsvarianten die grundlegende Problematik von Repräsentation nicht zu lösen vermögen, sondern sie höchstens verschieben.[174] Der gewonnene Fortschritt mit neuen Formen ist, wenn überhaupt, ein gradueller. Es ist zwar Dennis Tedlock zuzustimmen, wenn er sagt, „[s]olange tatsächlich ein Dialog stattfindet, ist keine umfassende Metaerzählung möglich" und den Dialog in diesem Sinne als postmodern ausweist.[175] Zugleich ist aber klar, dass die Repräsentation eines Dialogs immer noch eine Repräsentation bleibt und die urspünglich dialogische Struktur des Erkenntnisprozesses nicht bewahren kann.[176] Ähnliches gilt für polyphone Ansätze und geteilte Autorenschaft, wobei Bernhard Waldenfels gezeigt hat, dass der Dialog die Perspektive des Fremden nur in dem Maße zulässt, wie sie sich in einen allgemeinen Logos einbinden lässt, wohingegen in der Polyphonie der Logos, der den Dialog regelt, sich vervielfältigt und die Stimmen pluralisiert.[177] Doch sogleich muss Waldenfels einräumen, dass auch für den Polylog diskursive Bedingungen gelten und Inszenierung statt findet.[178] Im Übrigen muss ich der Vollständigkeit halber anmerken, dass solche Modellformen auch deshalb nur bedingt zu bewerkstelligen sind, weil aus institutionellen Gründen meist der Ethnologe, zurück an seinem (akademischen) Arbeitsplatz, das letzte Wort inne hat, ggf. ein Vorwort schreibt, die Publikation in die Wege leitet etc., und ihr so seine persönliche Handschrift verleiht.

174 Rabinow 1993: 182, Fabian 1993: 351ff., Bargatzky 1992: 20, Kohl 2002: 224f., Clifford 1993: 138, Tyler 1993: 289f. u.v.a.

175 Tedlock 1993: 272.

176 Fabian 1993: 351.

177 Waldenfels 2002: 177f.

178 ebd.: 177.

Die ursprüngliche Spontaneität und Lebendigkeit einer dialogischen Feldforschungssituation geht im Zuge der Verschriftlichung notwendig verloren. So sagt Kohl etwa, dass die wörtliche Wiedergabe eines Dialogs unzählige Widersprüche, Abschweifungen, Widerholungen, Brüche usw. enthalten müsse, die einen Dialog letztlich unverständlich werden ließen, und muss von daher konstatieren: „Tatsächlich ist die Niederschrift eines gesprochenen Textes ohne eine [...] Vorauswahl gar nicht möglich. Schreiben ist per se eine ordnende Tätigkeit."[179]
Wie Volker Gottowik feststellt, enthalten sich manche Autoren im Zuge der Repräsentationskrise dennoch bewusst der Deutung ihres Gegenstands und scheinen „nur noch das Forum bereitstellen zu wollen, auf dem sich die Anderen gewissermaßen selbst zur Darstellung bringen."[180] Das schießt freilich über das Ziel hinaus, ist man doch auf der Suche nach Formen, die ein Verstehen des Fremden optimieren sollen. Karl-Heinz Kohl bezeichnet solche Texte als „Dokumente der Mutlosigkeit"[181] und erläutert zu den neuen Ethnografien: „Ihre Autoren scheinen das Wagnis nicht mehr eingehen zu wollen, das mit dem Treffen einer jeden allgemeinen Aussage verbunden ist."[182] Was dabei erzielt werde, sei in erster Linie eine Überforderung des Lesers, der nun das zu leisten aufgefordert wäre, was der Ethnograf selbst sich nicht mehr getraue: die Übersetzung der Fremderfahrung in den eigenen Horizont.[183] Auch wenn ich geneigt bin, dem Leser einen Anteil an der Interpretationsleistung zuzutrauen, so halte ich die Auseinandersetzung mit der *Rezeptionsseite* von ethnografischen Informationen, ihren Bedingungen, Chancen und Gefahren im Fach für überfällig. Denn wenn die Repräsentationsdebatte konsequent vor dem Leser halt macht, und nur die Produktionsseite von Wissen bedenkt, so sieht sie sich mit einem Feld konfrontiert, das mit einer Vielzahl blinder Flecke gespickt ist, die sie nicht weiter erhellen kann. Eine solche *Ethnologie der Rezeption* müsste sich beispielsweise auf kommunikationswissenschaftliche Modelle berufen, und könnte eng mit dem jüngeren

179 Kohl 2000: 223f.
180 Gottowik 1997: 320.
181 Kohl 2000: 129.
182 ebd.
183 ebd.

Fachbereich *Ethnologie und Öffentlichkeit*, wie er etwa von Julia Bayer voran getrieben wird, zusammen arbeiten.[184]

Tobias Rees hat indes plausibilisiert, dass jede Übersetzung der Fremderfahrung vom Prinzip her unmöglich ist, weil sie die fremden Episteme gewaltsam transformieren müsste. Dieser Problematik will ich mich erst im folgenden Kapitel verstärkt zuwenden. Festzuhalten ist, dass für ihn daher auch die experimentellen Ethnografien an Sinn verlieren, weil sie weder von der Frage „whose story is it"[185], noch von der reduktionistischen Geste der Repräsentation, noch von der epistemologischen Problematik befreien.[186] Für ihn liegt das Problem daher explizit begründet im

> „Scheitern der gesamten visualistischen Ideologie des wissenschaftlichen Diskurses mit seiner Rhetorik des Beschreibens, Vergleichens, Klassifizierens und Generalisierens sowie seiner Grundvoraussetzung, der Möglichkeit und Notwendigkeit von Repräsentation."[187]

Rees, und mit ihm sein ungleich prominenterer Kollege Stephen Tyler, sehen allein einen möglichen Weg aus der repräsentationistischen Falle: die Evokation.[188] Abgeleitet vom lateinischen *evocare*, was soviel wie „anrufen" bedeutet, versucht die Evokation das „Erwecken von Erlebnissen"[189]. Rees erläutert:

> „Dabei kann es nicht darum gehen, zu evozieren, wie die dortige Realität wirklich sei, was lediglich eine Repräsentation durch die Hintertüre wäre, sondern darum, jeden einzelnen das Gefühl des Unfaßbaren, Unbegreiflichen und Unaussprechlichen erfahren zu lassen."[190]

Auch hier ist freilich in letzter Konsequenz der Leser gefordert. Wenn Ethnografien nicht mehr „Enzyklopädien des sozialen Lebens"[191] darstellen,

184 vgl. etwa Bayer, Engl und Liebheit 2004.
185 Mit diesen Worten zitiert Rees MacDougall, ohne aber die Quelle näher zu benennen.
186 Rees 1998: 3.
187 ebd.
188 ebd: 9, Tyler 1993: 293.
189 Rees 1998: 9.
190 ebd.
191 Thornton 1993: 265.

sondern sich vielmehr als „offenes Kunstwerk“[192] präsentieren, dann kommt dem letzten Glied der Kette eine entscheidende Aufgabe zu: eine in hohem Maße interpretative Tätigkeit.[193] Das ist indes nicht negativ zu bewerten: denn genauso wenig, wie Wirklichkeit kontingent ist, bleibt das ethnografische Wissen jemals abschließbar. Tobias Rees erkennt daher: „In diesem Sinne sollten Ethnographien nicht fertig (geschlossen) sein, sondern auf die aktive Mitwirkung des Rezipienten beim Wiederentstehen in dessen Bewußtsein bauen; dann sind sie offen zu nennen.“[194]
Soeben ist der Begriff des Kunstwerks gefallen. Die Kunst hat im Zuge der Krise der Ethnologie in der Tat Einzug gehalten – als Darstellungsform[195] und in der Theoriebildung. Für Christoph Jamme etwa hat die Kunst in der Ethnologie eine zur klassischen Ethnografie komplementäre Funktion.[196] Ihm zufolge war die Kunst historisch schon immer hermeneutisch orientiert und an der Vermittlung zweier Realitäten beteiligt.[197] Er sagt dazu:

> „Kunst macht ernst mit der Einsicht, dass Fremd- und Selbsterfahrung nicht zu trennen sind; als Absage an die Herrschaft des Ichs über das Fremde liegt einzig in der Kunst die Möglichkeit der Versöhnung mit dem Fremden in Schönheit [...].“[198]

Dem wäre vielleicht sogar vorbehaltlos zuzustimmen. Unglücklicherweise wählt Jamme nun zur Veranschaulichung u.a. Emil Noldes Südseebilder, darunter zahlreiche Porträts, die zwischen 1913 und 1914 auf einer Forschungsexpedition des *Reichskolonialamtes* entstanden. Die ethnografische Genauigkeit aber von Porträts hervorzuheben, zu deren Realisierung, wie Karl-Heinz Kohl bemerkt, Nolde stets eine Pistole neben sich liegen hatte, um einen möglichst „expressiven“ und „angsterfüllten“

192 vgl. hierzu Eco 1984.
193 Darauf weist auch James Clifford am Ende seines Aufsatzes ÜBER ETHNOGRAPHISCHE AUTORITÄT hin (vgl. Clifford 1993: 149f.)
194 Rees 1998: 10.
195 Es sei hier exemplarisch auf Hubert Fichtes Werke XANGO (1976) und PETERSILIE (1980) verwiesen. Genauso können aber auch postmoderne US-amerikanische Ethnografien als Kunstform betrachtet werden (vgl. Jamme 2002: 195).
196 Jamme 2002: 199.
197 ebd.: 201.
198 ebd.: 200.

Gesichtsausdruck der Inselbewohner zu erzielen[199], eignet sich zur Illustration seiner Kunst-als-Komplement-These denkbar schlecht. Von den besonderen Umständen der Südseemalereien Noldes scheint Jamme offenbar nichts gewusst zu haben, wenngleich sein und Kohls Aufsatz just im gleichen Sammelband veröffentlicht wurden.[200]

Davon jedoch abgesehen betont Jamme m.E. zurecht, dass die Kunst „die Ehrfurcht vor anderen Sinndeutungen“[201] lehrt. Er geht dabei noch weiter, und sagt, dass die Kunst vielmehr als die Ethnologie und Philosophie das „existentiell-praktische Gefordertsein in der Begegnung mit dem Fremden unübersehbar in den Mittelpunkt“ rücke und die interkulturelle Ästhetik hin zu einer interkulturellen Ethik der Verständigung überschreite.[202] Auch dem ist möglicherweise zuzustimmen. Mit Thomas Bargatzky – der sich immer wieder auf den Philosophen Georg Picht beruft – lässt sich jedenfalls noch einmal die komplementäre Ergänzung von Kunst und Wissenschaft betonen. Zugleich macht Bargatzky deutlich, wie dennoch beide Disziplinen nur jeweils innerhalb ihrer selbst zu Erkenntnis fördernden Darstellungen gelangen. Erkenntnis, so lautet Bargatzkys Ausgangspunkt, sei heute zwar in erster Linie Erkenntnis durch Begriffe, verkörpere zugleich aber nur *eine* spezifische Form der Darstellung. Ein Dargestelltes komme jeweils in seinem Darstellungs*raum* zur Darstellung. Wie ein wissenschaftlicher Zugang zum Erkennen der Welt, so sei auch die Kunst eine Form der Darstellung mit einem spezifischen Darstellungsraum. Nichts rechtfertige nun, der einen Darstellung den Vorzug zu geben, auch nicht hinsichtlich der Erkenntnis- oder Repräsentationsfrage. Das Kunstwerk könne mithin gleichermaßen Mittel von Erkenntnis sein. Bargatzky erläutert wörtlich:

> „Das Kunstwerk kann nicht lügen, denn sofern es wirklich Kunstwerk ist [...], verweist es stets auch auf die Bedingungen seiner Entstehung. Nicht durch ihren Inhalt, sondern durch ihre Form wird Kunst unmittelbar zu Gesellschaftskritik, und ihre Unfähigkeit zur Lüge macht

199 Kohl 2002: 216.

200 vgl. Därmann, Iris und Christoph Jamme (Hg.): FREMDERFAHRUNG UND REPRÄSENTATION. Weilerswist.

201 Jamme 2002: 208.

202 ebd.: 207.

> sie zum Kronzeugen gegen das Vermarktungsstreben der Industriegesellschaft."[203]

Auch wenn ich der gesellschaftskritischen Dimension der Kunst (und der Kunst in der Ethnologie) hier nicht weiter auf den Grund gehen kann, so mögen uns die Argumente Jammes und Bargatzkys doch genügen, das komplementäre Verhältnis von Kunst und Wissenschaft anzuerkennen. Vielleicht ist damit der Boden gewonnen, auch in der Gegenüberstellung klassischer und experimenteller Repräsentationen sich wechselseitig ergänzende Formen zu erkennen.

Wie Karl-Heinz Kohl sagt, sollten zwar die Grenzen klassischer Repräsentation eingerissen werden, doch darf man sich davon ein vollständiges Verstehen des Fremden nicht erhoffen.[204] Ich teile diese Auffassung voll und ganz. Wie ich eingangs zu diesem Kapitel geäußert habe, können unsere Fortschritte nur langsame, graduelle sein. Doch was bedeutet ein „Verstehen des Fremden" in seinem vollen Sinn überhaupt? Und auf welchen Prämissen fußt es? Kann es mit den Mitteln, die das Fach hervorgebracht hat, erfolgen oder müssen neue Wege gefunden werden? Diesen Frage soll nun gründlich nachgegangen werden. Dabei wird sich bald zeigen, dass die Frage des Fremdverstehens sich nicht nur auf Repräsentationsfragen reduzieren lässt – und sich damit die Wahl zwischen „alter" und „neuer" Repräsentation einmal mehr als Scheinalternative entpuppt – sondern viel umfassendere Perspektiven auf die Seinsweise des (fremdkulturellen) Menschen erlaubt.

203 Bargatzky 1992: 24.
204 Kohl 2002: 225.

2.

Ethnologie – Wissenschaft vom kulturell Fremden?

Es gehört zu den gängigsten Bezeichnungen unseres Fachs, es als Wissenschaft vom kulturell Fremden auszuweisen.[205] Historisch bedingt hat sich die Ethnologie zunächst den außereuopäischen Kulturen zugewandt und sich als akademische Disziplin sukzessive mit der Erforschung *fremder* Gesellschaften legitimiert. Die Erschließung neuer Forschungsfelder auch in der eigenen Gesellschaft hat erst in jüngerer Vergangenheit stattgefunden, nicht zuletzt deshalb, weil die Soziologie lange Zeit traditionell diese Felder für sich reklamiert hatte.[206] Damit erweist sich die Fremdbegegnung unwiderruflich als Gründungsbedingung des Fachs und ist von Anfang an Teil des ethnologischen Programms.

Wenn die Ethnologie sich heute in unzähligen Teilbereichen (Stadtethnologie, politische Anthropologie, Migrationsforschung, Emotionsethnologie, *Gender*-Forschung um wenigstens einige Beispiele aufzuzählen) auch mit sozialen Phänomenen *unserer* Gesellschaft befasst, so hat das viele historische, soziale, bewusstseinsmäßige, politische, theoretische und vielleicht manchmal praktische (sprich: ökonomische) Gründe, die ich hier nicht alle darlegen kann. Auf zwei Aspekte will ich aber hinweisen: Zum einen kann im Zusammenhang mit der disziplinären Öffnung nach innen von einer diskursiven Neuverhandlung des Gegenstandsbereichs gesprochen werden. Es werden heute nicht mehr nur ‚geografisch entlegene Drittweltländer' als ethnologisch relevant sanktioniert, sondern auch soziale Bedingungen und kulturelle Ausdrucksformen der eigenen Gesellschaft. Der Diskurs hat sich hier schlicht verändert. Dieser Aspekt bezieht sich auf die

205 Hornbacher 2006b: 14, Kohl 2000: 96.
206 ebd.

gegenstandstheoretische Seite in all ihren Dimensionen. Damit zusammen hängt sicherlich der zweite Aspekt, wonach im Zuge von Globalisierungsprozessen, Migration und zunehmender globaler Interdependenz die Parameter, die den klassischen ethnologischen Gegenstandsbereich konturieren, überdacht werden müssen. Wie Theo Sundermeier klar gemacht hat, ist ein Verstehen des Fremden mit diesen globalen Veränderungen so dringend geworden.[207]

Der Kausalzusammenhang von steigender kultureller Andersartigkeit mit wachsender geografischer Entfernung erweist sich heute als unhaltbar, weil er die Vielfalt ethnologischer Fragestellungen nicht vollständig erschöpft.[208] Darüber, dass das Andere „vor der eigenen Haustür" genauso evident sein kann, sollte in der Disziplin mittlerweile Einigkeit herrschen.[209] Es sei hier angemerkt, dass zwar Volker Gottowik behauptet, das Fremde werde in der ethnologischen Konstruktion ausgegrenzt und an den Rand unseres raumzeitlichen Kontinuums gedrängt, aber Gottowik bezieht sich hier in der Tat auf die theoretische Konzeptualisierung und nicht auf die offenkundige Begegnung mit dem Fremden auch im eigenen Raum.[210]

Halten wir für den Augenblick fest, dass das Fremde, genauer: das kulturell Fremde die Blickrichtung der Ethnologie jederzeit bestimmt hat und heute noch bestimmt. Karl-Heinz Kohl hat sein einführendes Standardwerk daher auch konsequenterweise mit ETHNOLOGIE – DIE WISSENSCHAFT VOM KULTURELL FREMDEN[211] betitelt, Hans Fischer bekräftigt in seinem bereits

207 Sundermeier 1996: 137.

208 Amborn 1993b: 19.

209 Der eine oder andere mag einwenden wollen, der Gegenstandsbereich sei nicht *mehr* vollständig ausgeschöpft, wenn man das Fremde nur als das in der Ferne liegende konzipiere. Ich bin hier anderer Meinung: Fremdheit – auch unter uns – ist kein historisch neues Phänomen. Kulturelle Minderheiten, die hochgradige Spezialisierung im Zuge der Arbeitsteilung, gesteigerte Mobilität, die heterogene Habitualisierung von Jugendlichen usw. mögen das Fremde heute augenfälliger gemacht (d.h. auch, eine gesellschaftliche Wahrnehmungspraxis verändert) haben als etwa im Ausgang des 19. Jahrhunderts, sie haben Fremdheit aber nicht hervorgebracht. Mein Eindruck geht eher dahin, dass die Ethnologie das Fremde *hier* immer stärker entdeckt und gewinnbringend in ihren Gegenstandsbereich einreihen kann.

210 Gottowik 1997: 137.

211 Kohl 2000: ETHNOLOGIE – DIE WISSENSCHAFT VOM KULTURELL FREMDEN. *Eine Einführung*. München.

zum Klassiker avancierten Einführungswerk ETHNOLOGIE: *Einführung und Überblick*, Fremdheit sei „[...] zu allen Zeiten eine der zentralen Fragen der Ethnologie" gewesen.[212]
Was aber bedeutet das *in concreto*? Auf welche Art und Weise hat die Ethnologie den Fremdheitsbegriff implementiert? Inwiefern versteht sie sich tatsächlich als eine Art Xenologie[213] des Kulturellen? Thomas Bargatzky hat vorgeführt, dass beispielsweise den 31 Bänden der *International Bibliography of the Social Sciences* im Fachbereich *Anthropology* für die Jahre 1955 – 1985 exakt vier Titel zu entnehmen sind, welche die Begriffe „stranger" oder „étranger" enthalten.[214] Der Verdacht liegt nahe, dass die Maßgabe einer Wissenschaft, sich mit dem „kulturell Fremden" auseinander zu setzen, zwar die Vorzüge des *common sense* genießt, gleichzeitig aber „Fremdheit" mehr als angenehm dehnbarer Begriff mit überwiegend diffuser Bedeutung fungiert, denn als klare analytische Kategorie. Wie ich weiter oben mit Fabian in Bezug auf den Terminus „Ethnografie" vermutet habe, kann auch hier möglicherweise eine Tendenz zu einer indexikalischen Begriffsverwendung beobachtet werden (die freilich dem Phänomen Fremdheit dann nicht mehr gerecht würde). Hier sollen aber keine voreiligen Schlüsse gezogen werden; vielmehr will ich mich mit den spezifischen Verbindungen von Fremdheit und Ethnologie zunächst näher befassen, bevor ich zu einer Untersuchung dessen, was man mit dem ‚Fremden' festzuhalten vermag, gelange. Als Leitfrage soll uns

212 Fischer 1998: 14.

213 *xenos (gr.)* meint das Fremde. *Xenologie* ist entsprechend die Wissenschaft vom Fremden.

214 Bargatzky 1992: 14. Anm.: Eigene Versuche bestätigen die Randexistenz des Fremdheitsbegriffs in der Ethnologie. Gibt man z.B. in den Suchkatalog der deutschen Nationalbibliothek in der erweiterten Suchmaske das Schlagwort „Ethnologie" ein, so erscheinen 3804 Titel. Sucht man „Fremdheit", so erhält man immerhin 646 Titel. Gibt man nun „Ethnologie" und „Fremdheit" ein, so reduziert sich die Anzahl der Treffer auf elf Werke. Das entspricht weniger als einem halben Prozentpunkt der gesamten in der Nationalbibliothek unter „Ethnologie" verzeichneten Werke. Auch wenn sich über die Sinnfälligkeit solcher quantitativer Untersuchungen sicher streiten lässt (Wer vergibt die Schlagwörter? Welches ethnologische Werk, das sich mit Fremdheit auseinander setzt, nennt das Stichwort „Fremdheit" *nicht* in seinem Titel? usw.), so scheint mir darin eine Tendenz zumindest erkennbar. <https://portal.d-nb.de/> [31.01.2010]

nichts geringeres dienen, als das, was Herrmann Amborn in die folgenden Worte kleidet: „Eine Frage, so uralt wie die erste Begegnung mit dem Fremden, ist wieder brennend geworden: Wie und inwieweit ist es möglich, Fremdes zu verstehen?“[215]

2.1 Das Problem der kulturellen Fremdheit[216]

Um ein wesentliches Charakteristikum vorweg zu nehmen: „Fremdheit“ ist ein rein relationaler Begriff.[217] Er steht – wie viele abstrakte Termini – nicht für sich als absolute Entität, sondern sein Sinn ergibt sich immer aus einer Bezüglichkeit heraus: Etwas ist *für* etwas anderes fremd, etwas verhält sich immer fremd *zu* etwas, das außerhalb seiner selbst liegt. Aus dieser Relationalität lässt sich auch für die Ethnologie eine fundamentale Einsicht ableiten: Die Erfahrung des Fremden reflektiert immer auf das Eigene und rückt es ebenso in den Mittelpunkt des Interesses wie den originären Gegenstand. Karl-Heinz Kohl formuliert daher auch:

> „Der durch das Studium fremder Kulturen geschulte ethnologische Blick wirkt verfremdend, sobald er sich der eigenen Kultur zuwendet. Relationale ‚Fremdheit‘ kann so in den Rang eines methodischen Prinzips erhoben werden. Gerade darin besteht eine der großen Entdeckungen der Ethnologie [...].“[218]

Ein solcher Entwurf erweist sich zwar als programmatisch für die Ethnologie, bleibt aber noch zu undifferenziert. Yasar Aydın erarbeitet in seiner Dissertationsschrift TOPOI DES FREMDEN eine komplexere Unterscheidung subjektivistischer von objektivistischen Fremdheitsbegriffen. Während erstere mehr die subjektiven Fremdheitszuschreibungen und -erfahrungen in den Blick nehmen und dafür objektive Differenzen vernachlässigen, konzentrieren sich letztere mehr auf askriptive Differenzen, ohne diese als soziale Konstruktion zu

215 Amborn 1993b: 20.

216 ich halte mich mit dieser Kapitelbezeichnung an folgenden Text von Thomas Bargatzky 1992: DIE ETHNOLOGIE UND DAS PROBLEM DER KULTURELLEN FREMDHEIT. In: Sundermeier, Theo (Hg.): DEN FREMDEN WAHRNEHMEN. *Bausteine für eine Xenologie*. Gütersloh. S. 13-29.

217 Bargatzky 1992: 25.

218 Kohl 2000: 96.

entlarven.[219] Beide, so Aydın, bedürften daher wechselseitiger Ergänzung.[220] Die von ihm konzipierte – und sicherlich mehr soziologisch denn ethnologisch informierte – Multidimensionalität von Fremdheit übernehme ich zur ersten Orientierung mit folgender Skizze.

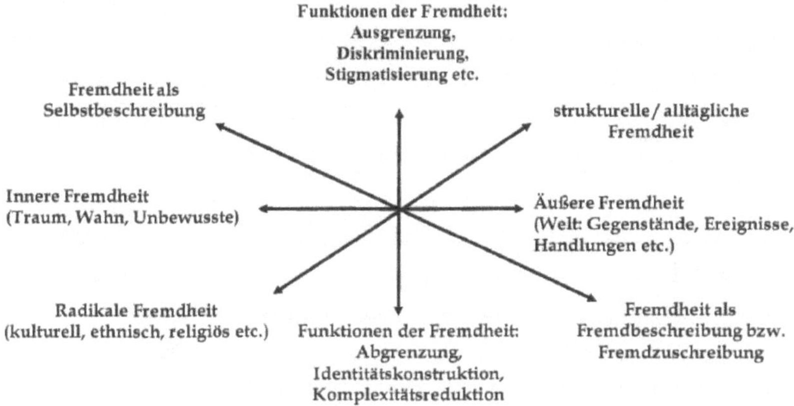

Abbildung 1: Dimensionen von Fremdheit nach Aydın[221]

Was die Ethnologie betrifft, so bemängelt Thomas Bargatzky indes die Unterbelichtung des Fremdheitsbegriffs. Nur bei wenigen deutschsprachigen Ethnologen – und hier nur bei den philosophischen Fragen zugeneigten – habe sich ein ernsthaftes Interesse an der Fremdheitsproblematik herausgebildet. Von der Implementierung einer Diskussion über Fremdheit im Curriculum eines Ethnologiestudiums könne gleichfalls keine Rede sein.[222] Damit stünde das Fach vor der paradoxen Situation, Wissenschaft des kulturell Fremden zu sein, und gleichzeitig keinen adäquaten Fremdheitsbegriff entwickelt zu haben.[223] Auch Volker Gottowik betont, der Ethnologie mangele es an einem „positiven Begriff zur Benennung ihres Gegenstands".[224] Es erübrigt sich, anzumerken, dass ich

219 Aydın 2009: 74ff.
220 ebd.: 76.
221 ebd.: 77.
222 Bargatzky 1992: 15.
223 ebd.
224 Gottowik 1997: 136.

diese Einschätzung teile.[225] Zwar lässt sich einwenden, wie Berg und Fuchs es tun, man solle bewusst auf den Fremdheitsbegriff verzichten, und statt dessen den Terminus des ‚Anderen' in Verwendung bringen, weil ein solcher „das Bild vom Anderen [...] die Beziehung, die die Ethnologie zu ihrem Gegenüber unterhält [...]"[226] betone. Ihnen geht es jedoch in erster Linie um die begriffliche Analogie zu der wesentlich auf Englisch geführten Repräsentationsdebatte, die stets von „the Other" spricht.[227] Bezogen auf die Betonung von Beziehung bin ich anderer Meinung als Berg und Fuchs: Der „Andere", bei Lévinas etwa stets groß geschrieben[228], hat meinem Verständnis nach wesentlich den Anderen in seiner Andersheit im Blick, wohingegen der Fremdheitsbegriff gerade die relationale Verbindung von Eigenem/Vertrautem und Fremdem betont. Gerade diese gestaltet sich jedoch besonders interessant in der Ethnologie. Zwar werde ich den ‚Anderen' später – vor allem im letzten Kapitel – selbst bemühen, vorerst scheint mir aber der Begriff der kulturellen Fremdheit griffiger.

Für Bargatzky offenbart sich im Versäumnis, einen Fremdheitsbegriff entworfen zu haben, mehr als ein technisches und somit lösbares Problem. Er vermutet darin den Ausdruck einer Krise des wissenschaftlichen Denkens und Handelns im Allgemeinen. Diese Krise trete in der ‚ambivalenten' Wissenschaft Ethnologie nur besonders deutlich zutage.[229]

Betrachten wir diesen Gedanken näher. Statt sich, so lautet die These, der Fremdheitsproblematik anzunehmen, setze die Ethnologie zumeist bereits einen Fremdheitsbegriff voraus:

> „So wie Naturwissenschaftler in der Regel nicht nach Natur an sich fragen, weil sie entdeckt haben, dass der Verzicht auf diese Frage ihnen den Spielraum gibt, sich unbefangen der Erforschung von Problemen innerhalb der Natur zu widmen [...], so könnte man behaupten, verzichten auch Ethnologen auf die Frage, was kulturelle Fremde ist und was sie zur Erkenntnis dieser Fremde befähigt."[230]

225 Auch Christoph Jamme, Professor für Philosophie am Institut für Kulturtheorie, Kulturforschung und Künste der Leuphana Universität Lüneburg, ist gleicher Auffassung; vgl. hierzu Jamme 2002: 185.

226 Berg und Fuchs 1993: 9.

227 ebd.

228 vgl. hierzu Lévinas, Emmanuel 2003: DIE ZEIT UND DER ANDERE. Hamburg.

229 Bargatzky 1992: 19.

230 ebd.

Damit trifft Bargatzky einen interessanten Punkt. Ganz offensichtlich ist es bequem, nach bestimmten Bedinungungen der Gegenstandskonstitution in der Ethnologie *nicht* zu fragen, sondern vielmehr die schon mehrfach thematisierte Trennung von Subjekt und Objekt seit der Cartesianischen Philosophie zu bemühen, nach der gerade in der objektivierenden Distanz von forschendem Subjekt zu seinem Gegenstand sich die Grundlage wissenschaftlicher Forschung entfalten kann.[231] Bargatzky betont jedoch sogleich, dass demgegenüber die Ethnologie eine hochgradig interaktive Wissenschaft sei, deren Grundlage gerade die menschliche Kommunikation darstelle. Das Zusammenspiel von Kommunikation und aufklärerischer Objektivierung erweise sich als besonderes Dilemma, „da es dem Wesen der Kommunikation entspricht, die Trennung von Subjekt und Objekt aufzuheben."[232] Der postmodernen amerikanischen Ethnologie gegenüber teilt Bargatzky daher auch kräftige Hiebe aus. Ihr Ansatz führt nach ihm keineswegs aus dem oben skizzierten Dilemma; vielmehr sei „der Postmodernismus in der nordamerikanischen Ethnologie mit seinen bilderstürmenden Tendenzen [...] ein deutlicher Ausdruck dieser Krise."[233]
Die Fremdheitsproblematik markiert nach Bargatzky indes den Kristallisationspunkt einer rein auf das Objekt bezogenen Wissenschaft. Er schreibt:

> „Hier ist nach meinem Dafürhalten auch der Grund für das Versäumnis der Ethnologie zu sehen, einen adäquaten Begriff der kulturellen Fremdheit zu entwickeln. Die Erkenntnis des Fremden setzt nämlich nach hermeneutischen Prinzipien stets die Erkenntnis des Eigenen voraus. Ein präziser Begriff des Kulturfremden würde also zunächst eine genaue Beschreibung der Grundlagen des eigenen wissenschaftlichen Handelns und seiner Motive erfordern."[234]

231 ebd.: 20. Anm.: Bargatzky wirft dem Postmodernismus hier vor, statt einer verobjektivierenden Repräsentationsform nun ‚Authentizität' als Qualitätskriterium in die Ethnologie eingebracht zu haben. Dazu konstatiert er zynisch: „[...] d.h. je ehrlicher ein Autor mit seinen persönlichen Befindlichkeiten aus seiner Ethnographie zum Leser spricht, umso mehr Vertrauen verdient er." Und weiter heißt es: „Wer möchte bezweifeln, dass etwa ‚Mein Kampf' authentisch im Sinne der Postmodernisten ist?" (ebd.: 20).

232 ebd.: 24.

233 ebd.

234 ebd.: 22.

Ob der hermeneutische Vollzug in puncto Fremdheit nicht ohnehin notwendig scheitern muss, soll uns im weiteren Verlauf des Textes immer wieder beschäftigen. Hier ist zunächst von Interesse, dass nach Bargatzky nicht nur die Erkenntnis des Kulturfremden auf die Sicht des Eigenen reflektiert (was von Seiten der Ethnologie kaum bestritten werden dürfte), sondern für die Fremderkenntnis, gleichsam in einer Vorzeitigkeit, das genaue Wissen um das Eigene vorausgesetzt werden muss (was meinem Kenntnisstand nach als weniger ausgemacht gilt). Dass der Fremdheitsbegriff als sozialwissenschaftliche Kategorie grundsätzlich problematisch ist, zeigen auch die beiden renommierten Politikwissenschaftler Herfried Münkler und Bernd Ladwig eingangs in FURCHT UND FASZINATION. Die Beschäftigung mit Fremdheit sei ein paradoxes Unterfangen, „da sie auf die Erfassung von etwas Unerfassbarem abziele [...].“[235]
Betrachten wir vor diesem Hintergrund unser Fach noch einmal aus der „xenologischen“ Perspektive.

2.2 Das Fremde zwischen Aneignung und Enteignung

Inwiefern kann also die Ethnologie unter den skizzierten Umständen eine Wissenschaft des Fremden sein? Ist sie zur Fremderkenntnis fähig oder entpuppt sie sich als unmögliche Wissenschaft?[236] Wie kann das Fremde sinnvoll in die analytische Werkzeugkiste eines Ethnologen aufgenommen werden, ohne zur hohlen Formel zu verkommen? Und lässt sich überhaupt ein brauchbarer Fremdheitsbegriff entwickeln, oder muss sich die Ethnologie auflösen und einer neuen Xenologie weichen, wie es Munasu Duala M'Bedy fordert?[237] An der Untersuchung der Bedingungen, die uns zur Erkenntnis des Fremden befähigen sollen, führt in allen Fällen kein Weg vorbei. Die folgenden Abhandlungen stellen den Versuch dar, zu einer genaueren Bestimmung unserer Möglichkeiten zu gelangen, ohne je eine materiale Definition des Fremden anzustreben.

235 Münkler und Ladwig 1997: 11.
236 Bargatzky 1992: 21.
237 Sundermeier 1996: 29.

Die Betrachtung des Fremden[238] als relativem Begriff ist zweifelsohne unbequem, weil immer ein Zweites, gleichsam eine Projektionsfläche der Fremdheit, mitgedacht werden muss. Gleichzeitig verrät das bereits, in welche Richtung unsere Gedanken gehen müssen:

> „Die Frage nach dem Fremden zieht nicht nur den Fragenden, sondern auch einen klassischen Fragetypus in Mitleidenschaft, denn der Fremde ist keine quidditas, keine ‚Washeit‘ […], die sich für den Zugriff des Logos bereithält“[239]

formuliert Iris Därmann dazu. Nach dem Fremden kann man nicht fragen. Es entzieht sich gewissermaßen dem Horizont des Fragenden, es verweigert eine Frage im Modus des Nominativs. Dass man diese paradoxe Situation in den Ausgangspunkt für dennoch gewinnbringende und, wie ich meine, weitreichende Überlegungen umkehren kann, zeigt Bernhard Waldenfels in seinem wegweisenden Werk TOPOGRAPHIE DES FREMDEN. Er plausibilisiert, inwiefern das Fremde nicht derart gedacht werden kann, dass es in seiner Substantialität und Phänomenalität essentialisiert würde, indem er sagt:

> „Der Gesichtspunkt des Fremden in seiner Fremdheit und Andersheit entpuppt sich […] als ein Gesichtspunkt besonderer Art. Er ist nicht mehr der Gesichtspunkt des Ganzen, unter dem das Fremde absorbiert würde, er ist auch nicht der Gesichtspunkt eines formell Allgemeinen, unter dem das Fremde neutralisiert würde, er ist erst recht kein bloßer Gesichtspunkt unter anderen, der Fremdes von sich abstößt. Er ist im strengen Sinne überhaupt kein Gesichtspunkt, der etwas zugänglich macht, sondern ein Ort, an dem man *auf einen Anspruch oder eine Herausforderung des Fremden antwortet.* Denn wäre das Fremde selbst ein Etwas oder ein Jemand, so wäre es bereits ein Substrat mehr oder weniger vertrauter Bestimmungen. Das Fremde selbst ist kein Was, es ist das Worauf einer Antwort – und nichts weiter. Alles weitere, das sich unvermeidlich einstellt, wenn wir über Fremdes reden, steht bereits im Zeichen der Aneignung, der Einordnung, der Bewältigung.“[240]

Als „Worauf einer Antwort“ steht das Fremde nach Waldenfels in direkter Beziehung mit dem Fragenden, ohne dabei selbst je material anwesend zu sein. Fremdheit zeigt sich gerade in der Präsenz von Abwesenheit. Waldenfels formuliert dazu: „Das Fremde *zeigt sich, indem es sich uns*

238 als analytische Kategorie

239 Därmann 1996: 48.

240 Waldenfels 1997: 180. Hervorhebungen im Original.

entzieht. Es sucht uns heim und versetzt uns in Unruhe, noch bevor wir es einlassen oder uns seiner zu erwehren versuchen."[241] Fremdheit wird daher bisweilen sehr ernsthaft auch als „paradigmatische Entzugserscheinung" gefasst.[242]

Der (Selbst-)Entzug des Fremden muss hier analog der obigen Ausführungen von Därmann gedacht werden. Nicht als „quidditas", sondern als Spur, die innerhalb meines Gesichtsfelds verbleibt, entzieht es sich meiner Erkenntnis. Gleichzeitig kann ich am Fremden in gewisser Weise ablesen, was das Eigene bezeichnet. In dieser Hinsicht verweist das Fremde auf eine Normalität bzw. setzt sie voraus.[243] Damit ist bereits eine entscheidende Qualität des Fremden benannt: Es *sprengt meine* Ordnung, es verhält sich nicht angepasst, sondern subversiv, und es wird in der Folge auch als bedrohlich empfunden.[244]

Waldenfels verweist in diesem Zusammenhang auf eine neue Axiomatik des Fremden, die sich historisch maßgeblich durch erstens eine „Veränderung der neuzeitlichen Vernunftauffassung" und zweitens eine „Veränderung der neuzeitlichen Subjektrolle" herausgebildet habe. Mir sei an dieser Stelle erlaubt, einen längeren Passus seines Essays ANTWORT AUF DAS FREMDE zu zitieren:

> „Was das erste Moment betrifft, so hat sich gezeigt, daß alle *Ordnungen* an bestimmte *Grenzen* stoßen. Die Grenzen, die unserem Sehen, Sprechen oder Fühlen gesetzt sind, lassen sich nicht unendlich erweitern bis hin zu einem umfassenden Kosmos oder einer umfassenden Weltgeschichte, worin alles seinen Platz fände. Es gibt Sinn, aber kein Reich der Vernunft; es gibt Freiheiten, aber kein Reich der Freiheit. Ordnungen, die etwas *so* in Erscheinung treten und zum Ausdruck kommen lassen *und nicht anders,* erweisen sich als selektiv und exklusiv. Sie ermöglichen etwas, indem sie zugleich anderes

241 ebd.: 42. Hervorhebungen im Original.

242 vgl. hierzu Stoellger 2006: 393.

243 Waldenfels 1990: 59.

244 Anm.: Diesen Gesichtspunkt in öffentliche Debatten, etwa über die Integrationsproblematik von so genannten ‚Bürgern mit Migrationshintergrund' einzubringen (die oft in einer polarisierenden Diktion von ‚Wir' und ‚die Anderen' verbleibt), würde ich als gewinnbringend einschätzen. Leider krankt eine solche öffentliche Debatte immer wieder an allzu unscharfen Begriffen, in denen sich stereotype und z.T. massiv negativ konnotierte Fremdbilder ganz ungehemmt Bahn brechen.

> verunmöglichen. Das ‚alles zugleich' weicht einer unaufhebbaren Inkompossibilität, einem Widerstreit auf der Ebene der Erfahrung, der tiefer gelagert ist als der Widerspruch, der auf der Ebene theoretischer und praktischer Stellungnahmen auftritt. Unter den Voraussetzungen begrenzter Ordnungen macht sich das Fremde bemerkbar in Form eines Außer-ordentlichen, das auf verschiedene Weise an den Rändern und in den Lücken der diversen Ordnungen auftaucht. Was die veränderte Rolle des sogenannten Subjekts angeht, so verliert der Mensch, der sich lange als Zentrum der Welt betrachtete, seine beherrschende Stellung. Was wir sind, sind wir nie ganz und gar. Das ‚Subjekt', das allem, was ist, zugrundezuliegen schien und das sich als Ort oder Träger der Vernunft betrachtete, leidet unter einem *Selbstentzug,* der durch keinen reflexiven ‚Rückgang zu sich selbst' wettzumachen ist. Kurz gesagt: es gibt keine Welt, in der wir je völlig heimisch sind, und es gibt kein Subjekt, das je Herr im eigenen Hause wäre. Diese Art von ‚Götzendämmerung' konfrontiert uns mit einem radikal Fremden, das allen Aneignungsbemühungen zuvorkommt und das ihnen widersteht wie im Falle des fremden Blicks, der uns trifft, noch ehe wir uns dessen versehen."[245]

Hier differenziert sich unversehens die Frage, unter welchen Vorzeichen ein solches Fremdes zu bestimmen ist, und verengt sich zugleich zu einer zur Entscheidung zwingenden Alternative: kann die Bestimmung in Begriffen des Eigenen erfolgen, oder muss es notwendig als ein radikal Fremdes betrachtet werden? Denn es ist von ausschlagender Bedeutung für ein Verständnis des Fremden, welcher Konzeption der Vorzug gegeben wird. Eine Ethnologie etwa, bei der das Fremde nur das *noch nicht Bekannte* ist, würde mit der Zeit ihren Gegenstand aufzehren und sich am Ende selbst überflüssig machen.[246] Ihre Aufgabe wäre der vergleichbar, einen Stapel Akten abzuarbeiten – eine Tätigkeit, die zwar einen gewissen Aufwand abverlangt, deren Ende und vollständige Erfüllung aber jederzeit absehbar bleibt. An dieser Stelle hat auch Christoph Jamme unrecht, wenn er davon ausgeht, die Ethnologie müsse sich mit ihrem Erfolg letztlich auflösen, lässt sie am Schluss doch alles Fremde in Vertrautem aufgehen.[247] Denn dann gingen alle Überlegungen von einem übergeordneten, universalen Logos aus, innerhalb dessen das *xenon* nurmehr das Produkt einer Entfremdung

245 Waldenfels 1998: 36.
246 Waldenfels 2002: 161.
247 Jamme 2002: 190.

wäre, das mit seiner Wiederaneignung „dahinschwände wie der Schnee in der Frühlingssonne“[248] – eine seltsam anmutende Konzeption.[249]
Man mag mir für den Augenblick nachsehen, dass die Erörterung ein Abstraktionsniveau erreicht hat, welches ihre ethnologische Relevanz nicht stets parat hält wie auf einem Präsentierteller. Eine derart umfassende Erörterung halte ich dennoch für sinnvoll, weil sie zum einen auf unser historisches Verständnis des Fremden reflektiert, und andererseits die potentiell diffuse Handhabung des Fremdheitsbegriffs näher beleuchtet. Auch wenn Fremdheit eine paradoxe Kategorie bleiben muss, so können wir doch feststellen, dass eine Ethnologie des radikal Fremden zweifelsohne einen anderen Weg beschreiten wird müssen, als eine Wissenschaft, die das Fremde stets nur als graduelle Modifikation des Eigenen bestimmt.
Für den folgenden Abschnitt erscheint mir unerlässlich, Edmund Husserls Phänomenologie als einer Urkeimzelle philosophischer Fremdheitsbestimmung hinzuziehen, bevor ich mich zeitgenössischen Entwürfen zuwende.[250] Husserl kann neben Dilthey einerseits als Wegbereiter in der Auseinandersetzung mit der Fremdheitsfrage gesehen werden, insbesondere bestimmt er aber auch heute noch phänomenologische Positionen maßgeblich mit. Ob seine Transzendentalphilosophie in der Lage ist, das Fremde *als Fremdes* zu zeigen, soll sich hierbei herausstellen. Es

248 Waldenfels 1997: 97.

249 Als besonders ökonomische Form des Umgang mit dem Fremden hat Waldenfels weder die Ausscheidung noch die Vernichtung des Fremden betont: „Als wirksame Form der Abwehr erweist sich auf die Dauer die *Aneignung*, die das Fremde zu wahren verspricht, indem sie es verarbeitet und absorbiert.“ (Ebd.: 48, Hervorhebungen im Original).

250 Es gäbe vielerlei Gründe, den theoretischen Rahmen noch einmal weiter aufzuspannen, und auch Dilthey etwa oder Schleiermacher hinzuzuziehen. Das aber sprengt hier den Rahmen. Für unsere Untersuchung soll ein kurzer Querschnitt durch die *Meditationen* genügen, mit der sich die Fremdheitsfrage, wie Philippe Lacoue-Labarthe und Jean-Luc Nancy treffend bemerken, „als die in jedem Sinn des Wortes prägnante Frage“ des philosophischen 20. Jahrhunderts erweist (zit. n. Därmann 2005: 373). Obwohl m.E. in der Ethnologie Dilthey (v.a. in der interpretativen und symbolischen Ethnologie) stärker rezipiert worden ist, als Husserl, möchte ich mich auf letzteren konzentrieren. Während bei Dilthey vor allem die Frage des Fremdverstehens im Zentrum seiner Untersuchungen steht, untersucht Husserl noch radikaler die *Konstitution* des Fremderfahrungsakts selbst. (Jamme 2002: 187).

erübrigt sich, vorwegnehmen, dass das Fremde m.E. nur als radikal Fremdes wirklich erfahrbar werden kann. Würde es im Eigenen verbleiben, könnte seine Erscheinung zwar zu einer Irritation bestehender Ordnung führen, nicht aber mit solcher Gewalt einschlagen, wie es oft der Fall ist.[251] Aus theoretischer Perspektive würde sich dabei auch eine Wissenschaft des Fremden über kurz oder lang erübrigen. Was die ethnologische Dimension betrifft, so muss Husserl doppelt kritisch befragt werden, nicht nur hinsichtlich seiner Fremdheitskonzeption, sondern auch die axiomatischen Grundpfeiler seiner Transzendentalphilosophie betreffend, zu denen etwa die Annahme eines allgemeinen Logos und einer universellen Vernunft genauso zählt, wie der Primat des Bewusstseins.

2.2.1 Exkurs: Husserls „Meditationen" – eine apodiktische Philosophie?

Wenige Philosophen haben sich so viel geäußert, wie Husserl. Sein Gesamtwerk, dessen Herausgabe bis heute nicht beendet ist und das mehr als 40.000 handbeschriebene Seiten umfasst, lässt erahnen, wie heterogen sein philosophisches Schaffen gewesen sein muss.[252] Nichtsdestotrotz muss dem Rechenschaft getragen werden, dass sich die Ethnologie in mehrerlei Hinsichten geradezu auf eine phänomenologische Tradition beruft, die wesentlich im Gefolge Husserls, dem phänomenologischem Übervater, ausgearbeitet worden ist.[253] Ich schlage daher vor, sich auf seine MEDITATIONEN zu konzentrieren, befassen sie sich nicht nur mit der Konstitution des wissenschaftlichen Subjekts, sondern führen sie geradewegs in das Dilemma, das sich aus der Fremderfahrung ergibt. Besonders die V. MEDITATION erweist sich hier als zentral. Zunächst sollen jedoch im Vorgriff auf die Fremdheitsfrage einige Termini zur Sprache

251 Man muss sich nur die Vorworte moderner Monografien oder die persönlichen Erfahrungen in einem Feldforschungsbericht zu Gemüte führen, um zu verstehen, wovon ich hier spreche: Fremdheit nimmt keine Rücksicht. Gleichfalls möchte ich auf das im Herbst 2009 heftig diskutierte Minarettverbot in der Schweiz verweisen: Die Legitimationsversuche durch Schweizer Politiker und ‚Intellektuelle' scheiterten alle an der Unmöglichkeit, dem Fremden in Begriffen des Eigenen vollständig gerecht zu werden. Gleichwohl zeigte die Debatte allzu deutlich die gefühlte Bedrohung durch die fremde Kultur.

252 Vongehr 2006: 1.

253 vgl. Jackson 1995.

kommen, die Husserls *Phänomenologie* flankieren, und über Heidegger, Merleau-Ponty und Lévinas bis heute in Theorieentwürfe zur Fremderfahrung einfließen. Es erübrigt sich zu bemerken, dass diese Autoren auch kulturwissenschaftlich rezipiert und aufgearbeitet werden.[254] Mit den wichtigen Begriffen meine ich zunächst den phänomenologischen Reduktionsbegriff, die ‚Epoché', die ‚Intentionalität' sowie die ‚Erfahrung'. Vergegenwärtigen wir uns zunächst Husserls ‚phänomenologische Reduktion'. Wie zu Beginn der Neuzeit betrachtet auch er die Philosophie des beginnenden 20. Jahrhunderts nicht mehr als die Einheit eines geistigen Raumes, die auf einem apodiktisch begründeten Boden fußt, sondern vielmehr als widerstreitende Modeerscheinungen. Nur der Entwurf neuer *Meditationes de prima philosophia* könne – analog zu Descartes – daher der Philosophie erneut zu einer sicheren Existenz verhelfen.[255] Husserls großes Projekt besteht bekanntlich in einer transzendentalen Phänomenologie, die – bar jeder metaphysisch verankerten Voraussetzung – zum Wesen, zum reinen Ich, zur transzendentalen Gestalt durchstoßen will[256], freilich unter striktester Vermeidung jeglichen ungesicherten Aprioris. Bereits in der I. MEDITATION klärt er konsequent: Von der Erfahrung des Seienden auszugehen kann eine solche sichere Existenz der Philosophie nicht gewährleisten, sie muss woanders gesucht werden. Husserl schreibt:

> „Als radikal meditierende Philosphen haben wir weder jetzt eine für uns geltende Wissenschaft noch eine für uns seiende Welt. Statt schlechthin seiend, dies ist uns in natürlicher Weise im Seinsglauben der Erfahrung geltend, ist sie uns nur ein bloßer Seinsanspruch. Das betrifft auch die umweltliche Existenz aller anderen Iche, so dass wir rechtmäßig eigentlich nicht mehr im kommunikativen Plural sprechen dürfen."[257]

Wie daraus der phänomenologische Zugang erwachsen soll, mag sich zunächst als über alle Maßen anspruchsvolles Ansinnen gebärden, erweist sich jedoch als möglich. Husserls Lösungsweg lässt sich, wie folgt, abkürzen: in seiner II. MEDITATION sucht er einen radikalen transzendentalen Subjektivismus zu begründen, indem er das

254 vgl. etwa Sundermeier 1996.
255 Husserl 1995: 7.
256 ebd.: 57f.
257 ebd.: 20.

cartesianische *cogito*–Argument modifiziert. Zwar könne – das ist seit Descartes bekannt – alles außer das „Ich denke" in Zweifel gezogen werden, aber gerade dieses habe bei Descartes zu einer Wendung geführt, nach der er Schlüsse nach dem Kausalprinzip gezogen und einen transzendentalen Realismus begründet habe, der mit einer echten apodiktischen Transzendentalphilosophie nichts mehr gemein habe. Aus Descartes Egologie erwächst für Husserl gerade die Gefahr, die sie zu vermeiden sucht, nämlich die Welt *deduktiv* aus Strukturen des Geistes, der *substantia cogitans* abzuleiten, ohne die Dinge als sie selbst zu sehen.[258]

Ein Schlüssel Husserls liegt in dem in der phänomenologischen Tradition konjunkturellen griechischen ἐποχή – Begriff.[259] Nur wenn der Philosoph sich seines psychischen Ichs und Seelenlebens entledige, sich gleichsam auf sein „transzendental–phänomenologisches Ich" reduziere, und die „Seinsgeltung" der Welt einzig aus sich selbst, d.h. dem Ich begründe, ohne auf die seienden Gegenstände der Welt zu rekurrieren, könne wahre transzendentale, und das meint: erkennende Philosophie entstehen. Diese ἐποχή, die distanzierende Zurückhaltung gegenüber der Welt und die Reduktion auf die eigenen „begründenden Akte", bilden nach Husserl das „transzendentale Ich."[260] Bezogen auf die Ethnologie formuliert der Phänomenologe Michael Jackson ganz in diesem Sinne:

> „The phenomenological method involves ‚placing in brackets' or ‚setting aside' questions concerning the rational, ontological, or objective status of ideas and beliefs in order to fully describe and do justice to the ways in which people actually live, experience and use them – the ways in which they appear to consciousness."[261]

Im Anschluss daran folgert Jackson mit den Worten Deweys: „[...] things are what they are experienced to be [...]"[262] und versucht mit einem solchen Primat der Erfahrung den Boden für einen radikal empirischen Ansatz in der Ethnologie zu gewinnen, ohne je einem Empirizismus zu verfallen.[263]

258 ebd.: 25f.
259 ἐποχή [Epoché] *(gr.)* für Zurückhaltung, Einklammerung
260 ebd.: 27f.
261 Jackson 1996: 10.
262 Dewey 1905: 228 zit. n. ebd.
263 Jackson 1996: 10.

Dass freilich die ἐποχή als Voraussetzung der radikalen Voraussetzungslosigkeit fungieren soll, obwohl sie in der Positivität gelebten Lebens entstanden und aus ihr hervorgegangen ist, ist auch Husserl klar. Er begreift das „Anfangsschicksal" des Philosophen (das ist, der Entwurf einer *prima philosophia*) daher auch als „ein immer neues Hineingeraten in Paradoxien."[264]

Husserls phänomenologisches Projekt gipfelt schließlich in seiner Eidetik, die jener Überzeugung eignet, wonach die Gegenstände der Erfahrung ausschließlich bewusstseinsmäßig konstituiert sind, und der Mensch – sofern er sich an die oben beschriebene methodische Anweisung hält – in einer inneren Wesensschau zum wahren Kern der Phänomene vordringen kann. Methodisch formuliert heißt das:

> „Die eidetische Phänomenologie erforscht [...] das universale Apriori, ohne das ich und ein transzendentales Ich überhaupt nicht ‚erdenklich' ist, oder, da jede Wesensallgemeinheit den Wert einer unzerbrechlichen Gesetzmäßigkeit hat, sie erforscht die universale Wesensgesetzlichkeit, die jeder Tatsachenaussage über Transzendentales ihren möglichen Sinn (mit dem Gegensatz Widersinn) vorzeichnet."[265]

Es ist bereits angeklungen, welchem Prinzip dabei in der Phänomenologie eine herausragende Bedeutung zukommt (und ich spreche hier bewusst von ‚Prinzip'): dem Bewusstsein. Dies zeichnet sich umso mehr ab, wenn wir den Intentionalitätsbegriff[266] hinzuziehen. Dass nämlich Seiendes und Bewusstsein sich gegenseitig verschränken und der Bewusstseinsakt gleichsam Konstitutionsakt der Welt ist, zeigt etwa Shin-Yun Wang in Ihrer Husserl-Dissertation: „Das Seiende wird nicht im Gegensatz zu Bewusstsein verstanden und auch umgekehrt nicht [...]", und wenige Worte später heißt es: „[...] sie (Bewusstsein und Seiendes) bilden gemeinsam [...] das Thema der Intentionalität."[267] Bewusstsein ist für Husserl immer „Bewusstsein von etwas"[268], ist nie reines Subjekt, das auf das reine Objekt blickt. Anstelle der rigorosen Cartesianischen Urscheidung von *res cogitans* und *res extensa*

264 Husserliana, Band VI: 195 zit. n. Därmann 2005: 389.

265 Husserl 1995: 74.

266 Michael Jackson hat darauf hingewiesen, dass der Intentionalitätsbegriff fälschlicherweise auf Husserl zurückgeführt wird, und eigentlich William James zu verdanken ist (Jackson 1996: 29). Ich nehme das hiermit zur Kenntnis.

267 Wang 2004: 51.

268 Husserl 1995: 48ff.

gesellt sich zum Husserlschen Bewusstseinsbegriff die Intentionalität, die Gerichtetheit auf einen Gegenstand. Nicht umsonst spricht Husserl häufig von „noetisch-noematischer" Korrelation.[269]

Es wäre offenkundig vermessen, Husserl als radikalen Solipsisten zu beurteilen. Nicht die Existenz der Welt wird von ihm bezweifelt, es wird vielmehr „nur" hinterfragt, „*wie* sie *für das Bewusstsein* da ist."[270] Wie die Husserl-Expertin Elisabeth Ströker treffend erklärt, ist auch die ἐποχή entsprechend keine radikal skeptische, sondern eine positiv eingestellte Haltung. Sie hat den Sinn,

> „[...] daß sie [die Welt] in ihrem Bestande nicht angetastet und nicht einmal vorübergehend der methodischen Fiktion des Umsturzes unterworfen wird, sondern daß sie so gerade ‚*Gegenstand*', noematisches Korrelat des transzendentalen Bewußtseins werden soll."[271]

Was nun die Erfahrung der anderen *Menschen* anbelangt, so findet auch diese nach Husserl nur *innerhalb des Bewusstseins* statt. Es eröffnet sich dabei aber in der V. MEDITATION ein Paradoxon, das sich für alle weiteren Überlegungen zu Husserl als paradigmatisch erweist: sie werden zugleich als Objekte der Welt, wie auch als selbst erfahrende Subjekte erfahren.[272] Es erübrigt sich anzumerken, dass diese „Subjekt-Objekte" mich selbst ebenfalls sowohl als Subjekt wie als Objekt erfahren. Subjektivität und Objektivität sind untrennbar miteinander verbunden.[273] Ihre Dichotomie – und gerade diese wird in der Ethnologie bekanntnlich gerne bemüht – gestaltet sich ab dem Moment nicht mehr als problematisch, wo man sie als Indikator dafür betrachtet, dass menschliche Erfahrung beide Perspektiven mit einschließt. In diesem Sinne würden sich Momente, in denen wir die Welt ‚machen' mit Momenten, in denen wir von der Welt ‚gemacht werden' abwechseln.[274] Hans-Georg Gadamer scheint Husserls Konzeption weiter in

269 vgl. Husserl 1995: 38, 51f., 71, 147 usw.

270 ebd.: XXIII

271 ebd.: XXIII/XXIV

272 ebd.: 93.

273 ein gerade für die Ethnologie spannender Gedanke

274 Jackson 1996: 21. Anm.: ich spreche von ‚machen', weil dieses Verb im englischen Original verwendet worden ist. An der entsprechenden Stelle heißt es: „[...] making us feel sometimes that we are worldmakers, sometimes that we are merely made by the world."

diese Richtung zuzuspitzen, wenn er in WAHRHEIT UND METHODE konstatiert:

> „Was Husserl sagen will, ist doch, dass man nicht Subjektivität als Gegensatz gegen Objektivität denken darf, weil ein solcher Begriff von Subjektivität selber objektivistisch gedacht wäre. Seine transzendentale Phänomenologie will statt dessen ‚Korrelationsforschung' sein. Das sagt aber: das Verhältnis ist das Primäre, und die ‚Pole', in die es sich auseinanderfaltet, sind von ihm selbst umschlossene [...], so wie das Lebendige alle seine Lebensäußerungen in der Einheitlichkeit seines organischen Seins umschließt."[275]

Es liegt meiner Auffasung nach viel Wahres in diesen Worten Gadamers, das uns auch und gerade in der Ethnologie weiterbringen kann. Objektivität selbst ist ein Zustand, der selbst nur durch Aushandlung hergestellt werden kann. Das *Ego*, auch das wissenschaftliche, kann alleine einen solchen Zustand gar nicht umsetzen, zumal – darauf hat Michael Jackson hingewiesen – theoretisches Wissen bereits bei Husserl grundsätzlich nicht von einer prätheoretischen Realität zu trennen ist.[276] Was die wissenschaftliche Zielformulierung anbelangt, so zielt sie daher auf die Auszeichnung der ‚Objektivität der Wirklichkeit' *für und durch jedermann* im Rahmen einer apriorischen Intersubjektivität[277], auch wenn Husserl dabei fast resignativ das alte Dilemma konstatieren muss: „Und doch, jeder hat *seine* Erfahrungen, *seine* Erscheinungen und Erscheinungseinheiten, *sein* Weltphänomen [...]."[278] Am Ende ist daher das Menschsein bei Husserl im Grunde eine Existenz in Einsamkeit, das sollte nicht geleugnet werden. Das ‚transzendentale Ich' fußt auf einer radikalen Egologie, die den Anderen nicht anders in den Blick bekommt, als rein im Ego konstituiert. Husserl selbst trägt diesem Umstand mit dem bezeichnenden Begriff der „Monadengemeinschaft" Rechnung.[279]

275 Gadamer 1960: 253.
276 Jackson 1996: 14.
277 Möckel 1998: 178.
278 Husserl 1995: 94. Hervorhebungen von mir.
279 ebd.: 133. Zum Begriff des Monaden vgl. auch: 78, 96, 107, 110, 118 usw. Anm.: Ich vernachlässige an dieser Stelle bewusst die Husserlsche Auseinandersetzung mit der Eigenheitssphäre, der Primordialität, der Philosophie des Leibes usw., die Husserl selbst in den MEDITATIONEN näher behandelt. Das würde hier weitere umfangreiche Exkurse verlangen, ohne aber für den Fortgang der hier dargelegten Gedanken zwingend notwendig zu sein.

Blicken wir schließlich kurz auf den phänomenologischen Begriff der Erfahrung. Bei Husserl stehen zunächst der Erfahrungs- und der Evidenzbegriff in enger Verbindung: Erfahrung erzeugt Evidenz, wissenschaftliche Erfahrung „vollkommene Evidenz und ihr Korrelat, reine und echte Wahrheit [...].“[280] Bei Bernhard Waldenfels bezeichnet Erfahrung zunächst „ein *Geschehen,* in dem ‚die Sachen selbst‘, von denen jeweils die Rede ist, zutage treten.“ Die Empirie, welche die Erfahrung stets präge, weise zurück auf den aristotelischen Begriff der εμπειρία[281], der Empeiria, die in sich wiederholenden Begegnungen mit dem Seienden Gestalt annehme. Der Erfahrungsbegriff ordnet sich aber weder einem radikalen Empirizismus, noch einem Rationalismus unter. Vielmehr betont Waldenfels:

> „Erfahrung bedeutet demgegenüber einen Prozeß, in dem sich Sinn bildet und artikuliert und in dem die Dinge Struktur und Gestalt annehmen. Die Phänomenologie hat es, wie es bei Merleau-Ponty heißt, mit einem Sinn in statu nascendi zu tun und nicht mit den Gegebenheiten einer fertigen Welt.“[282]

Wenden wir uns mit dieser Philosophie im Bewusstsein wieder der Fremdheitsfrage zu.

2.2.2 Das Fremde im Horizont des Eigenen

War ein derart weiter Exkurs in die Philosophie Husserls gerechtfertigt? Wie wir sehen werden, mussten wir uns seinen phänomenologischen Ansatz deshalb vergegenwärtigen, weil er uns zum Problem der Intersubjektivität hingeführt hat, das seinerseits in dem Moment zentrale Bedeutung erhält, wo es um die Frage des Fremdverstehens geht. Was also heißt Fremderfahrung bei Husserl? Bernhard Waldenfels und im Anschluss an ihn auch Iris Därmann haben darauf hingewiesen, dass Husserl nicht fragt: „Was ist das Fremde?“, sondern im Gegenteil sein Augenmerk vielmehr darauf legt, die Bedingungen des Fremderfahrungsakts selbst herauszustellen. Seine Frage lautet daher: „Wie ist das Fremde konstitutiert?“[283] Mit dieser Frage bewegt sich Husserl – wie

280 ebd.: 13.
281 εμπειρία [Empeiria] *(gr.)* für Erfahrung.
282 Waldenfels 1997: 19.
283 Därmann 2005: 386.

möglicherweise alle Theoretiker, die sich der Fremdheitsfrage stellen – im Spannungsfeld von Fremdheit als Abwandlung des Eigenen und radikaler Fremdheit. Seine philosophische Haltung zeigt sich anfänglich gewissermaßen ambivalent. Dennoch verbleibt Husserl letztlich mit seiner Egologie aber im Horizont des Eigenen.

Ich habe bereits angedeutet, dass Husserl von seinem transzendentalen Subjektivismus überzeugt ist. Es erstaunt daher nicht, wenn er formuliert: „Was je original präsentierbar und ausweisbar ist, das bin ich selbst bzw. gehört zu mir selbst als Eigenes."[284] Seine transzendentale These bleibt hier vorerst erhalten: die *Bedingungen* von Erfahrung sind allein im Subjektbewusstsein angelegt.[285] Gleichwohl gerät diese Konzeption genau da ins Wanken, wo er zum Problem der Fremdbegegnung explizit Stellung bezieht. Fremdes zeichnet sich nach ihm *per se* durch den Modus der Unzugänglichkeit aus: „Wäre [...] das Eigenwesentliche des Anderen in direkter Weise zugänglich, so wäre es bloß Moment meines Eigenwesens, und schließlich er selbst und ich einerlei."[286] Seine berühmt gewordene Sentenz zur Fremdbegegnung bezieht diese Ambivalenz mit ein und drängt weder auf die Absolution des Eigenen, noch des Fremden: „In dieser Art *bewährbarer Zugänglichkeit des original Unzugänglichen* gründet der Charakter des seienden ‚Fremden'"[287], heißt es in § 52 der V. MEDITATION.

284 Husserl 1995: 117.

285 Es gehört vielleicht nicht zum klassischen Reflexionsgegenstand der Ethnologie, die Bedingungen von Erfahrung zu theoretisieren. Gleichwohl ist die Konzeption eines transzendentalen Subjekts aus ethnologischer Perspektive kritisch zu befragen, vernachlässigt sie doch zu weiten Teilen das, was die Ethnologie gewissermaßen aus der Taufe gehoben hat: Ein Verständnis vom Menschen als Kultur- und Sozialwesen, das in einer Gemeinschaft sozialisiert und geprägt wird. Die Kognitionsforschung etwa hat gezeigt, dass diese Prägung auch vor dem Denken nicht haltmacht. Mehr noch: Heute gibt es zahlreiche Versuche, eine Kultur vorwiegend an einem *einzelnen Subjekt* zu veranschaulichen (vgl. etwa Marjorie Shostak 1982: NISA ERZÄHLT. *Das Leben einer Nomadenfrau in Afrika*. Hamburg, oder Vincent Crapanzano 1980: TUHAMI. *Portrait of a Moroccan*. Chicago). Das transzendentale Subjekt tritt hier sicher in den Hintergrund.

286 Husserl 1995: 111. Anm.: Ich gehe davon aus, dass Husserl mit dem „Eigenwesentliche[n] des Anderen" das meint, was Ego in der Begegnung zunächst fremd erscheint, d.h. was die Unzugänglichkeit ausmacht.

287 ebd.: 117. Hervorhebungen von mir.

Die jederzeit bewährbare Zugänglichkeit bezieht sich dabei punktgenau auf den modalen Verbleib des Fremden im Horizont des Eigenen. Das (und der) Fremde ist nur als Analogon zu *Ego* denkbar, der Fremde ist, effektiv gesehen, nur eine Modifikation des Selbst.[288] Würde es sich um radikale Fremdheit handeln, wäre wahres Fremdverstehen nach Husserl nicht denkbar: das Fremde erklärt sich mir nur, insofern es in meine transzendentale Welt eingehen kann. Dass Husserl in diesem Zusammenhang von „alter *ego*“[289] spricht, ist also in der Tat sehr bezeichnend: der Fremde ist das andere Ich.

Auf einer solchen Grundlage allerdings zu einem adäquaten Fremdverstehen vorzudringen, gestaltet sich überaus schwierig. In Husserls Transzendentalphilosophie wird die Fremderfahrung letztlich immer in einen allgemeinen Logos buchstäblich eingeebnet. So formuliert Bernhard Waldenfels zurecht:

> „Das eigene Ich und alles, was ihm zugehört, gilt als Vorlage, als Original für das Fremde; und Eigenes und Fremdes treffen sich ihrerseits auf dem Boden einer allgemeinen Vernunft, die zu den Präsumptionen jeglicher Erfahrung gehört.“[290]

Und Theo Sundermeier ergänzt: „Seine [Husserls] radikale Egologie kennt den anderen nur im Spiegel des Ich. Eine echte Alterität kommt nicht in den Blick [...].“[291] Die „Kälte“ in Husserls Denken sei allerdings deshalb erträglich, weil Husserl den Anderen nicht beurteile. Eine tragfähige Sozialethik lasse sich andererseits bei ihm auch nicht ableiten.[292]

Betrachten wir noch einmal das Theorem des Fremden nach Husserl im Hinblick auf seine Relation zum Eigenen oder Vertrauten, so wird offenkundig, was Waldenfels die „Aneignung des Fremden“[293] genannt hat. Bei dem Versuch, das Fremde aus dem eigenen Horizont, aus der Begrenztheit der eigenen Ordnung heraus zu „verstehen“ – sei sie nun transzendentaler, diskursiver, sozialer, politischer oder anderer Provenienz – müssen ihm notwendig spezifische Eigenschaften, die es gerade als

288 ebd.: 118.
289 ebd.: 120. Hervorhebung von mir.
290 Waldenfels 1989: 53.
291 Sundermeier 1996: 60.
292 ebd.
293 Waldenfels 1997: 48.

Fremdes ausweisen, entzogen werden. Das Fremde wird „bewältigt."[294] Diese Aneignung durch Bewältigung entspringt genau der abendländischen Rationalität, die ich im ersten Kapitel ausführlich behandelt habe, umso mehr, insofern sie „Rationalisierung auf dem Wege einer ‚Weltbeherrschung' [...] betreibt, und eine Technik hervorbringt, die schon bei Hobbes Sozial- und Lebenstechnik miteinschließt."[295] Das reine, erkennende Transzendentalsubjekt kann auch bei Husserl die Fremderfahrung nur überdauern auf Kosten des angeeigneten Fremden.[296] Dass das Eigene in einer solchen Trennung den Primat erhält und das Fremde aus einer Egozentrik heraus beurteilt wird, ist freilich absehbarer Nebeneffekt. Waldenfels spricht daher in diesem Zusammenhang auch von einem „possessiven Individualismus".[297] Aneignung setzt allerdings nicht nur die Trennung von Eigenem und Fremdem voraus, sondern auch eine „Zersplitterung der physischen und sozialen Welt"[298]. Der sozialen Atomisierung – wir erinnern uns: Ort der apodiktischen Erkenntnis ist allein das Subjekt – wird ein Logozentrismus beigestellt, mit dem das Fremde entweder bereits im Denken vom Eigenen geschieden wird, oder die Integration in einem totalen Denkraum angestrebt wird, wie das etwa bei Hegel der Fall ist.[299] Der Logozentrismus entpuppt sich daher, wie Holger Schmid feststellt, als „das philosophische Korrelat des Eurozentrismus."[300] In beiden Fällen treibt die Aneignungsdynamik das Fremde in die Fänge des Eigenen, wo es absorbiert und vereinnahmt wird, bis es nicht mehr als solches erkennbar ist. Das Zwischen, in dem die eigentliche Beziehung von Eigenem und Fremdem statfindet, wird aufgelöst, ganz im Sinne des

294 ebd.: 180.

295 Waldenfels 1990: 60f.

296 Es liegt mir nichts ferner, als Husserl hier anzuprangern. Wie bereits weiter oben betont, hat er unverzichtbare Beiträge zur Belebung der Debatte geliefert. Seine Konzeption von Intersubjektivität etwa ist sicher auch für die Entwicklung ethisch vertretbarer Formen von Wissenschaft von Belang. Am Verständnis des Fremden *als Fremden* scheitert seine Phänomenologie allerdings.

297 Waldenfels 1990: 61. Anm.: Diese Bezeichnung entlehnt Waldenfels Fred Dallmayrs Werk TWILIGHT OF SUBJECTIVITY von 1981.

298 ebd.

299 ebd.

300 Schmid 2006: 175.

Gedankens: wo eine Kluft besteht, muss sie überbrückt werden.[301] Mit diesem Fundament wird freilich jeder tragfähigen Intersubjektivität über kurz oder lang die Grundlage entzogen.

Die Geschichte der Ethnografie hat diese Aneignungstendenzen hinreichend gezeigt. In einer langen Tradition stehend, hat das Fremdverstehen den Horizont des Eigenen nur bedingt überschritten. So folgert Volker Gottowik:

> „Ethnographie ist notgedrungen – wie die klassische Wendung lautet – Darstellung des Fremden in den Kategorien des Eigenen. Um auf diese Kategorien aufmerksam zu werden und sie kritisch hinterfragen zu können, bedarf es einer Auseinandersetzung über die inhaltliche und formale Seite ethnographischer Texte, die die Ethnographierten mit einbindet. Schließlich kennt die Aufgabe der Vermittlung zwischen dem Fremden und dem Eigenen keine Exklusivität, sondern besteht gegenüber allen am Forschungsprozess beteiligten Subjekten."[302]

Auch heute noch stehen wir vor diesem Dilemma: Inwieweit kann die fremde Kultur verständlich beschrieben, und das bedeutet auch, in unseren Erfahrungshorizont übersetzt werden, ohne je völlig der Aneignung anheim zu fallen? Und inwiefern, umgekehrt gefragt, steht eine fremde Kultur so weit für sich selbst, dass sie jeglichen Aneignungsbemühungen zum Trotz ein wirkliches Verstehen verunmöglicht? Die empirische Realität liegt zweifelsohne dazwischen. Mir geht es allerdings vor allem darum, unser *Konzept* von Fremdheit, d.h. unser Denken zu befragen. Bemühen wir also die andere Perspektive, nach der Fremdheit immer radikale Fremdheit bedeutet und zu der Bernhard Waldenfels analog das Dilemma der Enteignung entwirft. Zu letzterem sind freilich möglicherweise auch postmoderne ethnografische Repräsentationsversuche zu zählen, die zum Teil unverändertes empirisches Rohmaterial in einer Monografie abbilden[303], und in welchen der Ethnologe zugunsten der Vertreter der Fremdkultur zurücktritt, die hier selbst entscheiden, was sie

301 Waldenfels 1997: 86.

302 Gottowik 1997: 325.

303 „Abbilden" verweist selbst auf die Repräsentationsproblematik im Sinne von „aliquod stat pro aliquo". Hier meine ich auch, dass die Auswahl dessen, was für etwas stehen soll (d.h. die Repräsentationen), den Teilnehmern der Fremdkultur selbst, und nicht dem Ethnologen überlassen wird.

repräsentiert.[304] Sind hier nicht Enteignungstendenzen festzustellen, die, wie Waldenfels meint, in Opposition zur Aneignung dazu neigen, „die Vernunft mit dem Bade auszuschütten[?]“[305] Handelt es sich dabei nicht um exotisierende Praktiken, die eine solche Literatur gerade zu vermeiden versucht? Die Balance zwischen beiden Tendenzen zu halten, gestaltet sich *ergo* als Herausforderung:

> „Nur ein schmaler Grat trennt die ethisch-politische Umorientierung, die den Sinn für fremde Ansprüche weckt, von einer Moralisierung der Fremderfahrung und Fremddarstellung, die solche Ansprüche vorweg einem moralischen Gesetz unterwirft. [...] Die eine Tendenz läuft darauf hinaus, die Verhältnisse umzukehren und der schuldhaften Aneignung eine unschuldige Enteignung entgegenzusetzen, so wie man in der beginnenden Neuzeit den Egoismus in einen Altruismus umzukehren neigt. In der kompensatorischen Versessenheit auf das Nicht-Eigene sinkt die Fremdzuwendung herab zum Umkehrreflex. Die andere Tendenz liebäugelt mit einer konfliktfreien Gemeinschaftssphäre, in der ‚tausend Blumen blühen‘“[306]

Bereits früher hatte ich mich auf Thomas Bargatzky bezogen, der dem Postmodernismus der amerikanischen Ethnologie „bilderstürmende Tendenzen“[307] vorwirft. Man muss sich fragen, ob seine Kritik sich nicht auch auf die Enteignungsproblematik beziehen lässt. Erstaunlicherweise findet sich bei Bargatzky fast buchstäblich das gleiche Argument wie bei Waldenfels, denn beide betonen im Zusammenhang mit der Fremdheitsfrage eine Praxis der Idealisierung des Fremden. Baragtzky nennt beispielhaft die Stigmatisierung von Indianern zu grünen Hoffnungsträgern[308], bei Waldenfels heißt es in DER STACHEL DES FREMDEN zur Veranschaulichung des Prinzips Enteignung:

> „Die Egozentrik wird beseitigt, indem das Fremde und Fremdartige *an die Stelle des Eigenen und Eigenartigen* tritt. Das Kind wird zum rettenden Kind, der Wilde zum guten Wilden, Krankheit zur heiligen Krankheit. Was dabei herauskommt, sind Exotik und Konventikelbildung.“[309]

304 vgl. hierzu Tedlock und Tyler 1993: 269-299.
305 Waldenfels 1990: 62.
306 Waldenfels 2002: 173.
307 Bargatzky 1992: 24.
308 ebd.: 13.
309 Waldenfels 1990: 63. Hervorhebungen im Original.

Vor diesem Hintergrund betont Waldenfels in selbigem Passus, nur wenige Worte später, mit Lévi-Strauss: „Es ist möglich, daß ‚sogar die angebliche ethnologische Erkenntnis dazu verurteilt ist, ebenso bizarr und inadäquat zu bleiben wie diejenige, die ein exotischer Besucher von unserer eigenen Gesellschaft hätte.'"[310]

Ich will jedoch noch für einen Moment bei dem Problem der Zentrierung bzw. De-Zentrierung des Denkens verweilen. Es ist grundsätzlich die Frage zu stellen, von welchem Zentrum aus das Denken agieren muss, um sich verständnisvoll an das Fremde anzunähern, bzw. ob es eines solchen Zentrums theoretisch überhaupt bedarf. Wie Waldenfels gezeigt hat, scheitern Aneignung und Enteignung gleichermaßen am Fremdverstehen. Woher also soll man in dieser Fragestellung frischen Wind bekommen? Möglicherweise ergibt sich eine neue Perspektive, in dem man sich dem Fremden radikal aussetzt. Steffi Hobuß etwa befasst sich einleitend zu dem Werk KONVERSIONEN. *Fremderfahrungen in ethnologischer und interkultureller Perspektive*, deren Mitherausgeberin sie ist, mit der Erfahrung des Beobachtet-Werdens im Feldforschungskontext. Entgegen der Vorstellung, als Beobachter in eine Fremdkultur zu gelangen, ist eine der ersten elementaren Erfahrungen des Ethnologen: Ich werde selbst beobachtet.[311] Ausgehend von dieser Situation entwirft Hobuß ein Prinzip, das sie mit den Worten Dieter Merschs wie folgt beschreibt:

> „Nicht länger kann sich das Denken von seiner Zentrierung durch das Selbst, die Sprache, das Symbolische oder irgendeiner anderen Form von Mitte her verstehen; vielmehr entzieht ihm das Andere jede Zentrik, drängt es an den Rand des Sagbaren, die Peripherie des Diskurses, außerhalb seines Rahmens. Das Fremde gewinnt dann unversehens eine andere Note: Es sprengt das Fundament des Eurozentrismus von innen her [...]."[312]

Die hier skizzierte Problemlage ist indes weder einer Aneignungs- noch einer Enteignungstendenz zuzuordnen. Das Fremde wirft einen nach Mersch derart unvermittelt auf sich selbst zurück, dass man gewissermaßen die Kontrolle über das eigene Denken verliert. Die Begegnung mit dem Fremden veranschaulicht daher mir selbst zunächst vor allem, dass mein

310 Lévi-Strauss 1982: 38.
311 Hobuß 2004: 7ff.
312 Mersch 1997: 43 zit. n. Hobuß 2004: 16.

Horizont nicht unendlich weit reicht. Es zeigt mir die Begrenztheit meiner Ordnung. Ich zitiere dazu zum Abschluss dieses Kapitels noch einmal Waldenfels, dessen Konzeption begrenzter *doxa* eine solche Erfahrung nicht nur theoretisch, sondern auch historisch einordnet und plausibilisiert. Gleichfalls leite ich damit zum nächsten Kapitel über, in dem Fremdheit als radikale Fremdheit untersucht werden soll. Waldenfels behauptet also:

> „Die Tatsache, dass das Para-doxe [sic], also das, was wörtlich genommen gegen die geläufige Meinung verstößt, sich seit Kants Erkundung der Grenzen der Vernunft und seit Kierkegaards Beharren auf der Endlichkeit unserer Existenz zu häufen pflegt, hängt entscheidend damit zusammen, dass mit den endlichen, bedingten Mitteln begrenzter Ordnungen unendliche Ansprüche erfüllt werden sollen. Solch überzogene Ansprüche pflegen immer dann aufzutreten, wenn ein allumfassendes *Ganzes,* das nichts mehr außer sich hat, oder ein *Erstes* und *Letztes,* das nichts vor und hinter sich hat, zum Thema gemacht wird mit der Folge, dass diese Thema (in Form eines Aussagegehalts) auf die Thematisierung (in Form eines Aussageereignisses) *reflexiv* zurückwirkt.“[313]

Erneut ist deutlich erkennbar, was wir seit einiger Zeit wie einen roten Faden verfolgen: Fremdheit als Subversion *meiner spezifischen* Ordnung. Mit dem hier eingebrachten Paradigma der Reflexion ergibt sich allerdings für die relationale Konzeption eine neue Dimension: In groben Zügen kann hier bereits festgestellt werden, dass die Fremdbegegnung reflexiv auf mich wirkt, dergestalt, dass ich danach *ein anderer* bin. In dieser Blickrichtung warnt Waldenfels in der Tat auch vor einem falschen Verständnis von Reflexivität: sie meine mehr als die einfache Rückkehr zu sich selbst. Ich möchte diese Perspektive bei der Betrachtung radikaler Fremdheit sogleich mit hinzuziehen.

2.2.3 Das Fremde als radikal Fremdes

Führt man sich die Vorworte moderner Ethnografien zu Gemüte, so wird gewöhnlich dort auch – und in manchen Fällen nur dort – die Fremderfahrung explizit thematisiert. Es wird dabei auf die persönlichen Befindlichkeiten, auf Schwierigkeiten in der Explorationsphase, oder auf etwaige physische und psychische Entbehrungen hingewiesen und damit

313 Waldenfels 2002: 170.

die Feldforschung in einem persönlichen Kontext verortet. In neueren Monografien seit der *Krise der Ethnologie* werden bekanntlich solche Erfahrungen auch direkt in das Werk mit aufgenommen und als konstruktiver Beitrag zur Schilderung einer fremden Kultur respektive zum Verstehen des Fremden positiv aufgefasst. Was dabei in der Regel zutage tritt, ist, wie ich mit Waldenfels eben thematisiert habe, eine existentielle „Re-Flexion", eine Rückbindung zu sich selbst. In einem ganz anderen Sinn als bei Bourdieus theoretizistischer Reflexion als Objektivierung der Objektivierung[314] wird hier die Fremderfahrung als existentielle Erfahrung in Beziehung zu *einem selbst* gesetzt. Folgendes Beispiel soll das exemplarisch illustrieren.

Nigel Barley schildert in seinem Klassiker TRAUMATISCHE TROPEN seine erste Fremdbegegnung bei der Ankunft in einem kamerunischen Dorf bezeichnenderweise so:

> „Zu meinem grenzenlosen Unbehagen erschien ein Kind mit einem einzigen Klappstuhl, den es mitten auf den Hof stellte. Ich sollte mich setzen. Es blieb mir nichts anderes übrig; und so saß ich in einsamer Größe da und fühlte mich ungefähr wie eine von jenen steifen, urbritischen Figuren, die man auf Fotos aus der Kolonialzeit findet."[315]

Barley zeigt hier eine Erfahrung auf, wie sie für die Fremdheitsfrage nicht treffender sein könnte: er wird sich selbst fremd, er fühlt sich unvermittelt als Anderer.[316] In gewisser Hinsicht imaginiert er ein Beobachtet-Werden, wie es Steffi Hobuß weiter oben ausgearbeitet hat, und versucht, den *fremden* Blick auf sich selbst zu richten. Eine solche Transformation kommt indes nur dadurch zustande, dass Barley mit einem radikal Fremden konfrontiert wird, so dass er das Eigene zur Disposition gestellt sieht.[317]

314 Bourdieu: 1993: 365ff., vgl. auch Langenohl 2009. Anm.: Auf Bourdieus Konzept von Reflexivität werde ich zurückkommen.

315 Barley 2001: 61.

316 Die existentielle Erfahrung des sich selbst Fremdwerdens wird auch und vor allem von psychoanalytischer Seite untersucht. Vgl. hierzu den von Ulrich Streeck 2000 herausgegebenen Sammelband DAS FREMDE IN DER PSYCHOANALYSE mit zahlreichen Beiträgen aus der psychoanalytischen Theorie und Praxis.

317 Das Fremde ist nicht das Kind, das ihm den Stuhl bringt, es beschränkt sich auch nicht auf die konkrete Situation in der Mitte des Hofs. Vielmehr verweist der mit unmittelbarer, fast brutaler Gewalt einsetzende *Reflexionsprozess* auf die Fremdbegegnung. Das Fremde selbst entzieht sich dabei dem Blick. Was bleibt, ist die Zurückgeworfenheit auf sich selbst.

Man kann sich förmlich vorstellen, wie ihm in dem Moment, wo er sich setzt, dämmert, was vor sich geht: unangenehme Bilder aus der Vergangenheit tauchen auf, er verliert die Kontrolle über die Situation, seine Ordnung wird gesprengt, er ist der radikalen Fremdheit buchstäblich „ausgesetzt". Zwar ließe sich mit Theo Sundermeier differenzieren zwischen Fremdartigkeit, die auf der Ebene der Sinne und der Emotion wirkt, und Fremdheit der Ordnung, die mir grundsätzlich nicht verfügbar ist. [318] Damit verändern wir aber weder Barleys Ausführungen, noch lösen wir das Problem. Denn zumindest hinsichtlich einem Begriff von Fremdheit als Außer-ordentlichem bleibt die Frage unbeantwortet, wo genau sie dann anzusiedeln wäre. Ferner glaube ich, dass eine solche Unterscheidung, wie Sundermeier sie trifft, problematisch ist, weil eine Fremdheit der *Ordnung* gerade auf *sinnlicher und emotionaler Ebene* zum Ausdruck kommt.

Wenn ich Nigel Barleys Fremderfahrung hier wiedergebe, will ich keineswegs die seichte Diktion eines Zusammenpralls zweier Welten, des *Clash*, des Kulturschocks usw. bemühen – im Gegenteil.[319] Ein solches Verständnis von radikaler Fremdheit leistet in der Tat mehr den Vorurteilen von Fremdheit als Exotik Vorschub, als dass es in der ethnologischen Debatte fruchtbar würde. Auch in diesem Sinne habe ich bereits mehrfach verdeutlicht, dass eben nicht eine materiale Definition radikaler Fremdheit Ziel der Auseinandersetzung sein kann. Worum es mir allein geht, ist, Überlegungen zu einem adäquaten Fremdheitsbegriff und aller daraus abzuleitenden Konsequenzen im ethnologischen Diskurs anzustellen. Nigel Barleys Ausführungen beziehen sich indes passgenau und sehr anschaulich auf die bereits skizzierte Reflexion und Zurückgeworfenheit des Ethnologen im Moment der Fremdbegegnung.

Auch wenn wir von dessen Beschreibung wieder abrücken, und uns dem Fremdheitsdilemma erneut in theoretischer Hinsicht zuwenden, so bleibt weiterhin offen, was radikale Fremdheit *eo ipso* meint. Dabei verdeutlicht Iris Därmann, was ein tatsächliches Verstehen des Fremden auslöse. Sie schreibt in ihrem Essay DER FREMDE ZWISCHEN DEN FRONTEN VON ETHNOLOGIE UND PHILOSOPHIE:

318 Sundermeier 1996: 139f.

319 Anm.: Mit Sicherheit wäre das auch nicht in Barleys Interesse.

> „Den Fremden in seiner Fremdheit zu verstehen, ihm im Modus frontaler Anerkennung zu begegnen, besagt nichts Geringeres, als seine Fremdheit zu vernichten [...]. Dann nämlich wird er auf den Stand dessen gebracht, was zu mir selbst als Eigenes ‚präsentierbar und ausweisbar' gemacht worden ist. Wenn es zutrifft, daß die Fremderfahrung in einer ‚Art bewährbarer Zugänglichkeit des original Unzugänglichen' besteht, in der ‚der Charakter des seienden Fremden [gründet]', dann muß jeder Versuch, den Fremden in der Gegenwart des Verstehens heimisch und in den Begriffen des Eigenen vertraut zu machen, als ein Unternehmen gefaßt werden, ihn seines unverfügbaren ‚Charakters' zu berauben."[320]

Damit skizziert sie indes wiederum eine Aneignungsbewegung. Aber wie soll Verstehen dann noch möglich sein, gerade innerhalb einer ‚verstehenden Wissenschaft vom kulturell Fremden'[321]?

2.3 Vom Ort radikaler Fremdheit zum Anspruch des Fremden

Betrachten wir zunächst nachfolgende Skizze und vergegenwärtigen wir uns bildhaft, was radikale Fremdheit unter dem topografischen Gesichtspunkt meint. Zwar scheint das Fremde *als Topos*, als Ort kaum denkbar, haben wir doch bereits mehrmals die relationale Differenz erarbeitet, durch die sich Fremdheit überhaupt erst kenntlich macht. Waldenfels hat aber darauf hingewiesen, dass *„genuin Fremdes* sich nur von einem Ort der Fremde her denken läßt."[322] Und weiter heißt es bei ihm:

> „[...] Die Zweiheit von Ein- und Ausschließung findet keinen Platz mehr in der Verschachtelung von umschließenden und umschlossenen Orten, die sich auf der Obergrenze eines nur noch umschließenden und die Untergrenze eines nur noch umschlossenen Ortes zubewegt. Eine Schwelle hat keine Um-gebung [sic] [...]."[323]

320 Därmann 1996: 50.
321 Im Zuge der interpretativen Wende wird bezeichnenderweise von einer Verlagerung von „erklären" hin zu „verstehen" gesprochen.
322 Waldenfels 1997: 186.
323 ebd.

Abbildung 2: Topografie des Fremden[324]

Radikale Fremdheit entzieht sich dem Blick. Sie befindet sich außerhalb dessen, was im Horizont von *Ego* erkennbar ist, und verunmöglicht geradewegs den Zugang zu ihr. Nicht umsonst betont Waldenfels, Fremdes und Eigenes entspränge einer „Urscheidung".[325] Ebenso wenig, wie Eigenes und Fremdes zusammen fallen, befindet sich aber das Fremde reglos im Bereich des Außer-ordentlichen. Vielmehr setzt es sich auf komplexe Weise mit dem Innen in Beziehung. Als gewissermaßen Unsichtbares im Sichtbaren, als Entzug vor der Innenperspektive wirkt Fremdheit subversiv auf die Ordnung, die meine Sicht der Welt lenkt. Gleichzeitig ist das Fremdartige kein Topos, sondern eine *Atopie*. Es lässt sich von daher etwa in die Topoi des Kulturvergleichs nur gewaltsam eingliedern.[326]

Unter diesem Gesichtspunkt muss eine Fremd*bestimmung* notwendig scheitern. Statt das Fremde „sachgemäßer" zu behandeln, empfiehlt Bernhard Waldenfels deshalb auch, die Stellung des Fremden in der Erfahrung selbst zu überdenken und die *Einstellung* und Haltung zu ihm zu ändern.[327] Der „Bann der Aneignung" lasse sich nur dann durchbrechen,

324 eigene Darstellung
325 Waldenfels 2002: 171.
326 Waldenfels 1997: 107.
327 ebd.: 51.

„wenn wir anders beginnen und anderswo, als bei uns selbst.“[328] Waldenfels formuliert wörtlich:

> „Statt direkt *auf das Fremde* zuzugehen und zu fragen, *was* es ist, und *wozu* es gut ist, empfiehlt es sich, von der Beunruhigung *durch das Fremde* auszugehen. Das Fremde wäre das, *worauf* wir antworten und zu antworten haben, was immer wir sagen und tun. Das Fremde taucht also auf in einer Form von indirekter Erfassungs- und Redeweise. Vom Fremden sprechen heißt von *anderem* sprechen und von *mehr* sprechen als von dem, was unsere vertrauten Konzepte und Projekte nahelegen. Das Worauf der Antwort begegnet uns als Aufforderung, Provokation, Stimulus, als Anspruch im doppelten Sinne dessen, was uns anspricht und im Anspruch einen Anspruch erhebt. Das Fremde ist nicht etwas, auf das unser Sagen und Tun abzielt, sondern etwas, von dem dieses ausgeht.“[329]

Mit diesen Worten flicht Waldenfels unweigerlich ethische „Ansprüche“ in die Fremdheitsfragen ein. Fast ist davon auszugehen, dass die hier skizzierte Fremdbegegnung mehr als alles andere von ethischen Bedingungen bestimmt wird. Die Frage, inwiefern die Ethnologie dem Anspruch des Anderen gerecht werden kann, müsste also auch auf dieser Basis zentrale Überlegung des Fachs werden. Wenn sich im folgenden Abschnitt das Dilemma des Fremdorts weiter verschärft, scheint sich jene Vermutung nur weiter zu erhärten.

2.5 Exkurs: Universalismus, Partikularismus, diskursive Regulierung

Bisher ist ein Argument nicht zur Sprache gekommen, dessen Auseinandersetzung sich nun als unabkömmlich erweist. Andernfalls erschiene die Ortsbestimmung des Fremden in einem Lichte, das sie letztlich doch als je nach Gusto wählbare Alternative präsentieren würde. ich meine damit, dass die Debatte um Fremdheit im Horizont des Eigenen versus Fremdheit als radikale Fremdheit nicht analog zu den Argumentationslinien einer universalistischen und einer partikularistischen bzw. relativistischen Position betrachtet werden darf.

328 ebd.
329 ebd.

Zunächst zeigt sich bei genauerem Hinsehen, dass eine solche bipolare Positionierung erst gar nicht angemessen identifiziert werden könnte. Denn die auf der Ebene der Ordnung inklusionistische und daher *universalistische* Argumentation würde inhaltlich das Fremde als *partikularen* und nur *relativ* fremden Teil des Eigenen betrachten. Umgekehrt verträte eine Position, die das Fremde inhaltlich als radikal anderes versteht, einen *formalen Partikularismus* (die Trennung von Fremdem und Eigenem) als ein *universalistisches* (hier: totalisierendes) *Prinzip*: Das Fremde kann und wird niemals Teil des Eigenen sein, müsste ihr Wahlspruch lauten. Eine universalistische wie auch eine partikularistische Konzeption würden dem Fremden aber so nicht gerecht werden können.

Es ist vielleicht genau dieses Dilemma, an dem viele Kontroversen, in denen universalistische und partikularistische Positionen *ad infinitum* gegeneinander ausgespielt werden, kranken: denn eine universalistische Position muss sich *notwendig* auf eine partikulare Sichtweise beziehen, um sich selbst darzustellen, sträubt sich aber zugleich gegen die Relationierung und Relativierung der eigenen Position.[330] Umgekehrt kann die partikularistische Perspektive *notwendig* nicht auf den Universalismus verzichten, weil sie sich zu Abgrenzungszwecken stets auf ihn bezieht und seinem allgemeinen Logos folgt. Die Idee des Partikularismus setzt also die Idee des Universalismus stets voraus und kann ein solches bipolares System nicht sprengen. Beide Standpunkte erhalten sich bereits daher gegenseitig am Leben, unabhängig von der Frage, ob und inwiefern dies effektiv beabsichtigt ist. Der Universalismus-Partikularismus-Streit reproduziert sich also stets und immer wieder neu. Dabei rücken zuweilen freilich ideologische Grabenkämpfe in das Zentrum der Kontroverse, die mit der ursprünglichen inhaltlichen Auseinandersetzung wenig gemein haben.

Ein bezeichnendes Beispiel für eine solche Diskussion ist etwa die Frage nach der Geltung der Menschenrechte.[331] Bei allem Respekt für die sehr differenzierten Argumentationen zahlreicher Theoretiker ist mir unverständlich, warum diese Frage manches Mal noch als ideologische

330 Fuchs 1997: 312.

331 ebenso gut könnten hier die bipolaren Positionen etwa von Evolutionismus und historischem Partikularismus angeführt werden.

Frage ausgehandelt wird, als wäre die jeweils universale bzw. partikulare Position die *moralisch* richtige.[332] Hier wird vergessen, dass der verbindliche Impetus, d.h. der Allgemeinheitsanspruch, oder, wenn man so will, der Universalimus der Allgemeinen Erklärung der Menschenrechte nicht die Verwirklichung des absolut Richtigen beabsichtigt, sondern die Vermeidung und Abwehr des Falschen.[333] Es könnte sich indessen als überaus wichtig erweisen, diesen Diskurs zugunsten einer freieren Diskussion interkultureller ethischer Fragestellungen zu verlassen. Eine solche Perspektive will ich allerdings erst im 3. Kapitel weiter verfolgen. Kehren wir zur Fremdheitsproblematik zurück.

Wenn sich in der oben skizzierten Debatte bei allen Argumenten, die für die Einnahme dieses oder jenes Standpunkts sprechen, es sich bei der eigenen Positionierung immer noch um eine Frage der Wahl handelt, und wenn auch die Gründe, die den Ausschlag geben sehr gewichtige sein mögen, so ist diese Positionierung letztlich eine im Grunde persönliche Entscheidung und genau darin von der Fremdheitsfrage unterschieden. Wie ich mit Husserls philosophischen Argumenten gezeigt habe, kann ein inklusionistisches Modell Fremdheit *als* Fremdheit schlicht nicht erfassen. Fremdheit bezieht sich auf eine grundlegend andere Dimension, als eine, in der die strategische Wahl eines relativistischen oder absolutistischen Standpunkts noch greifen könnte. In gewisser Weise ist sie über eine solche Wahl erhaben.

Es mag mit Foucaults bahnbrechenden Überlegungen zu einer diskursiven Ordnung und Regulation Hand in Hand gehen, wenn die Frage des Fremdheitsortes in ihrer Radikalität nicht ähnlich intensiv im ethnologischen Diskurs debattiert worden ist, wie etwa die Repräsentationsfrage, stellt sie doch die Bedingungen der Möglichkeit eines adäquaten Fremdverstehens grundsätzlich zur Disposition. Wie Sara Mills gezeigt hat, ist es gerade integraler Bestandteil einer Diskursordnung, dass nur gesagt werden kann, was sich in die Menge aller Aussagen mehr oder weniger integrieren lässt, d.h. was nur *relativ* neu zu dem ist, was den

332 vgl. hierzu die eher universalistische Haltung der Theoretiker Habermas 1999, Reuter 1996, Welsch 1997 sowie für relativistische Einwände D'Arcy May 1991, Bujo 1991 u.a.

333 Welsch 1997: 745.

Diskurs bisher inhaltlich bestimmt hat.[334] Nach diesem Argument müsste sich also eine Aussage mit den Worten Foucaults „im Wahren" befinden, um als Wissen und relevanter Beitrag zum Diskurs sanktioniert zu werden[335], wohingegen eine Aussage, die diese Bedingung nicht erfüllt, kurzerhand per Tabuisierung aus dem Diskurs ausgeschlossen würde. Denn gerade mit Ausschlussverfahren verfügt er bekanntlich über ein machtvolles Instrument, sich überhaupt zu konstituieren.[336] Dies sind nur Überlegungen. Aber die Vermutung liegt nahe, dass – auch und gerade aus Gründen des Selbstschutzes – die Ethnologie sich der Frage nach Fremderkenntnis nur am Rande zugewendet hat. Außerhalb des Fachs hat diese Frage hingegen bereits zu Beginn des 20. Jahrhunderts ganze Bücher gefüllt. Blickt man in die Philosophie, so gibt es dort mit Husserl, Heidegger, Sartre, Merleau-Ponty, Derrida, Lévinas und anderen eine bereits hundertjährige Tradition.[337] Auch die Soziologie kann sich auf Schütz, Simmel und andere berufen.[338] Diese Umstände scheinen die diskursive Regulierung der Fremdheitsfragen indes zu bestätigen, denn eine Philosophie erweist sich genauso wie eine Soziologie – die sich doch in weiten Teilen ihrer Geschichte der eigenen Gesellschaft zugewendet hat – in der Dekonstruktion des Fremden als weniger verletzlich, als die Ethnologie, deren wichtigster Gegenstand Fremdheit gerade ist. Thomas Bargatzky sieht diese Überlegungen bestätigt.[339]

Mir ist indes klar, dass die Geschichte der Ethnologie auch die Geschichte der Frage nach Fremderkenntnis erzählt. Die Disziplin stellt in vielerlei Hinsicht nichts anderes dar als die Auseinandersetzung mit dem Fremden. Dennoch erfolgt eine solche Auseinandersetzung bereits auf der Basis bestimmter Prämissen und axiologischer Voraussetzungen, mit denen die Fremdheitsfrage offenbar nicht mehr *explizit* thematisiert werden musste. Eine solche Fragestellung dabei allein der Philosophie zu überantworten, halte ich aber für unzulässig. Eine analytisch geschärfte Ethnologie kann nach meiner Auffassung eine interkulturell interessierte Philosophie

334 Mills 2007: 74.
335 ebd.: 65ff.
336 ebd.: 72.
337 Waldenfels 1997: 14.
338 vgl. Schütz 1972: 53-69 und Simmel 1992, Bd. II., vgl. auch Aydın 2009.
339 vgl. Bargatzky 1992: 19.

diesbezüglich ebenso befruchten, wie umgekehrt. Weiterhin würde eben jene Explikation der Fremdheitsproblematik überdies für die zeitgemäße Reflexionspraxis und Verantwortung der Ethnologie hinsichtlich ihres Gegenstands zeugen.

2.6 Zwischenbilanz: Fremderfahrung und ethnologische Praxis

Wenn die Fremderfahrung als Moment des Antwortens auf das Fremde gedacht wird, so muss zugleich dem Gedanken statt gegeben werden, dass sich Eigenes und Fremdes im Ereignis des Antwortens bestimmt, und nirgendwo anders.[340] Wenn dabei gleichzeitig alles „Hinsehen und Hinhören" ein „antwortendes Hinsehen und Hinhören"[341] ist, so ergibt sich für die ethnologische Forschung, respektive die Teilnehmende Beobachtung ein Gefüge, in welchem dem Dialog auf einer ganz anderen Ebene als der bisher in der Ethnologie debattierten eine wesentliche Bedeutung zukommt. Dialog findet nicht erst im wörtlichen Dialog mit den Forschungsteilnehmern statt, sondern, wenn man so will, bereits im Forschungsvorhaben selbst. Wenn wir uns schließlich vergegenwärtigen, wie Barley seine Ankunft im Feldforschungskontext beschreibt, so entspricht selbst diese Beschreibung als Antwort auf das Fremde einem dialogischen Prinzip. Eine solche Antwort birgt zugleich aber noch ein zweites Prinzip: die Öffnung gegenüber dem Fremden. „Wer wirklich verstehen will, der muss auch *wollen,* dass er von anderen verstanden wird!" konstatiert etwa Habermeyer in seinen Ausführungen zu ETHIK, HERMENEUTIK UND RATIONALITÄT IN DER ETHNOLOGIE.[342] So verstanden setzt ein dialogisches Paradigma freilich neue – und unbequeme – Maßstäbe für das Fach.

Die „Nichtassimilierbarkeit"[343] des Fremden hoffe ich bis zu dieser Stelle hinreichend dargelegt zu haben. Erinnern wir uns der Systematisierung des Repräsentationsbegriffs von Waldenfels, nach der Repräsentation Vorstellung, Vergegenwärtigung, Darstellung und Stellvertrtung heißen

340 Waldenfels 1997: 109.
341 ebd.
342 Habermeyer 2006: 104.
343 Waldenfels 1997: 51.

kann, so können wir jetzt in aller Deutlichkeit erkennen, wohin sich eine angemessene Forschungspraxis *nicht* wenden darf:

> „Das Fremde lässt sich nicht einfach als solches verstehen wie etwas, das aus unserer Erfahrung seinen Sinn empfängt und bestimmten Erfahrungsregeln unterliegt; es lässt sich nicht vergegenwärtigen wie ein fernes oder vergangenes Ereignis, dessen Zeuge wir waren oder sein könnten; es lässt sich nicht in einem geeigneten Medium darstellen, als könnte man die Sprache des Fremden lernen wie eine Fremdsprache; es lässt sich nicht vertreten wie ein Mündel, dem der Vormund das Wort in den Mund legt.“[344]

Es ist kaum zu leugnen, dass alle diese Aspekte in bedingter Form doch zutreffen. Andernfalls hätte sich die Ethnologie in der Vergangenheit bereits mehrfach selbst *ad absurdum* geführt. Dennoch – und das darf hier als eine erste Zwischenbilanz dienen – erschöpfen sie Fremdheit nicht. Das Fremde mag partiell repräsentierbar sein, einem Schlaglicht ähnlich, es ist aber gleichzeitig immer unendlich mehr, als die Repräsentation zu sagen vermag.[345] Wenn Fremdrepräsentation ihrem eigenen Anspruch gerecht werden will, so muss sie dies für alle Zeit berücksichtigen und verinnerlichen.

Eine vorläufige Lösungsmöglichkeit des Dilemmas radikaler Fremdheit könnte darin bestehen, „zu Handlungssituationen zu kommen, die dem Ethnologen und den Menschen aus anderen Kulturen *gemeinsam* sind.“[346] Mit dem Rekurs auf die Gemeinsamkeiten würde nach Habermeyer eine zunächst virtuelle Teilnahme in der Feldforschungssituation in eine reale Teilnahme überführt werden, die ihrerseits Verstehen erst ermöglicht.[347] Dem ist mit Sicherheit zuzustimmen, auch wenn meiner Ansicht nach die

344 Waldenfels 2002: 180.

345 Theo Sundermeier verdanke ich den Hinweis, dass mit dem „Gastrecht“ ein Moment existiert, in welchem Fremdheit nicht in Gleichheit verwandelt, also angeeignet, sondern schlich objektiviert wird. Hiermit sei die Möglichkeit zum Erkennen fremder Ordnung gegeben (Sundermeier 1996: 142). Im direkten Übertrag auf die theoretischen Probleme der Ethnologie ist es nun aber der Ethnologe selbst, dem jenes Gastrecht gewährt werden muss, damit er überhaupt forschen kann. Unter diesen Umständen rückt seine Figur in die Position des Fremden. Für sein Vorhaben, die Fremdkultur zu verstehen, ist damit zunächst aber noch nichts gewonnen.

346 Habermeyer 2006: 95.

347 ebd.

Fremdheitsproblematik damit nicht als gelöst betrachtet werden darf, sondern vielmehr erst augenscheinlich zutage tritt. Ob die klassische Feldforschung, wie sie viele Jahrzehnte praktiziert worden ist, dem Anspruch ‚realer Teilnahme'[348] standhält, ist jedoch fraglich. Waldenfels beschreibt die Teilnehmende Beobachtung treffend wie folgt:

> „Der Feldforscher treibt eine Art Doppelspiel; er spielt mit, doch in der Absicht, aus dem Spiel einen eigenen Erkenntnisgewinn zu ziehen. Diese Doppelstellung gleicht dem Versuch, gesprächsweise etwas zu antworten oder sich anzuhören, was sich alsbald in ein Zitat verwandelt."[349]

Die „reale Teilnahme" bedarf offensichtlich einer grundsätzlich anderen Ausgangssituation als der der herkömmlichen Teilnehmenden Beobachtung. Die Anwesenheit des Feldforschers bei seinen Gastgebern muss von vornherein mit einem anderen Erkenntnisinteresse begründet werden, als mit der reinen Produktion von Wissen. Habermeyer hat deutlich hervorgehoben, dass die entscheidende Frage nicht mehr lauten darf, was wir wissen können, sondern was wir überhaupt herausfinden *wollen*.[350] Diese Frage bezieht sich m.E. nicht allein auf das erkenntnisleitende Interesse als solchem, sondern schließt die kritische Reflexion der bereit stehenden *Erkenntnismittel* ebenso mit ein. Vielleicht kann gerade hier der genuin aktionsethnologische Vorschlag Herrmann Amborns greifen, das Mittel–Zweck-Schema herkömmlicher Feldforschung aufzubrechen, und jedes Ziel als Mittel für neue Ziele zu verstehen?[351] Vielleicht könnte die Diskussion über das Auffinden der adäquaten Mittel darin bereits eingeschlossen werden? Dann allerdings müsste freilich die Vorstellung endgültig *ad acta* gelegt werden, dass eine Forschung, eine wissenschaftliche Fragestellung, eine Debatte etc. nicht nur ein Ende, sondern auch einen bestimmbaren Anfang habe. Das Augenmerk müsste vielmehr auf die Gewordenheit aller Wissenschaft gerichtet werden, in der die Vergangenheit – im Idiom Derridas – sich als Spur zeige, deren Anfang

348 Der Begriff der realen Teilnahme, wie ihn Habermeyer entwirft, erinnert an Geertz' Dichte Teilnahme. In der Tat zeichnen sich beide Autoren auch als Hermeneutiker aus.

349 Waldenfels 2002: 163.

350 Habermeyer 1993: 36.

351 Amborn 1993c: 132.

unbestimmbar bliebe.[352] Was das konkret für die Ethnologie bedeutet (von dem historischen Erbe durch die abendländische Aufklärung, ihrer Theoriegeschichte und der Geschichte der Praxis der Feldforschung einmal abgesehen), wird noch vielerorts zu prüfen sein. Habermeyers Versuch, Hans-Georg Gadamers Konzept der Wirkungseinheit auf die Ethnologie zu übertragen, deute ich als einen Anlauf in diese Richtung. Nach diesem gilt es, alle ethnologische Praxis, die durch die Historie hindurch bis in die Gegenwart als Gesamtheit wirkt, reflexiv in die Begegnung mit Fremdheit mit hinein zu nehmen und als Einheit zu begreifen.[353] Ernstzunehmende Reflexion sollte unterdessen gerade solches bewirken: Den möglichst umfassenden Einbezug aller denkbaren Aspekte, die meine Position bestimmen – historisch, sozial, kulturell, diskursiv, ökonomisch usw zu gewährleisten. Doch ich schweife ab!

Betrachten wir die konkrete ethnologische Praxis, so gelangen wir auch von dieser Seite erneut an einen Punkt, an dem ethische Dimensionen in den Fokus ethnologischer Theoriebildung rücken. Ethnologische Reflexion – das hoffe ich gezeigt zu haben – schließt ethische Fragestellungen immer mit ein. Ich will eine Untersuchung des Ethikfeldes deshalb auch nicht länger schuldig bleiben. Insbesondere eine spezifische Ethik der Fremdbegegnung wird verstärkt Gegenstand meiner weiteren Untersuchungen sein. Dabei sollte klar werden, dass sich Fremdheit universalistischen Entwürfen in der Ethik ebenso entzieht wie in der Epistemologie einem universellen Logos.

352 Im Wintersemester 2007/2008 wurde an der Fakultät für Philosophie der LMU München von Michael Heinzmann ein Seminar abgehalten, das den in diesem Zusammenhang treffenden Titel trug „Jacques Derrida: Von der Unmöglichkeit, den Anfang zu denken."

353 Habermeyer 1993: 34f.

3.

Unterwegs zu einer Ethik der Fremdheit

Mit ethischen Fragestellungen betrete ich keineswegs Neuland. Auch wenn Herrmann Amborn – sicher zurecht – Anfang der 90er Jahre betont hat, die Ethnologie habe sich die längste Zeit der ethischen Dimension des Fachs nicht gestellt, sondern vielmehr ausschließlich unter der Prämisse der Ansammlung und Systematisierung universalen Wissens gearbeitet[354], so trifft gleichermaßen zu, was Annette Hornbacher in ihrem aktuellen Sammelband ETHIK, ETHOS, ETHNOS konstatiert: „Ethik-Debatten haben Konjunktur".[355] Und sie ergänzt: „Besonderer Beliebtheit erfreuen sich jedoch Entwürfe einer globalen Ethik, die als interkulturell gültiges Regulativ ökonomischer Globalisierung fungieren soll."[356] Der Kapitalismus als Motor des Ethikdiskurses? Sie, und mit ihr manch anderer Autor, scheinen eine Sicht zu bestätigen, nach der die ökonomische Globalisierung und mithin die Erosion sozialer Kontingenz eine verbindliche Ethik umso dringender erscheinen lässt.[357] Damit wird die eingangs mit Lyotard skizzierte These des zweifelhaften Siegeszugs der kapitalistischen „Techno-Wissenschaften"[358] weiter untermauert. Ob nun allerdings eine globale, universell verbindliche Ethik die richtige ist, bleibt fraglich[359], steht sie doch immer in einem Spannungsverhältnis zu einer Vielzahl lokal gebundener Ethé, die in ihrem spezifischen Kontext uneingeschränkte Gültigkeit beanspruchen.[360]

354 Amborn 1993b: 14ff.
355 Hornbacher 2006a: 9.
356 ebd.
357 vgl. hierzu Amborn 1993b: 13-16, Sundermeier 1996: 137ff., Hornbacher 2006a: 9.
358 Lyotard 1990: 49.
359 Hornbacher 2006a: 10ff.
360 ebd.: 10. Hornbacher verweist in diesem Zusammenhang insbesondere darauf, dass selbst der Postmodernismus vor den großen Entwürfen eines kosmopolitischen Ethos nicht halt mache, sondern vielmehr dem Projekt eines Weltbürgertums Vorschub leiste (ebd.).

Ungeachtet dieses Problemzusammenhangs können unversalistische Entwürfe einer globalen Ethik auch unter Ethnologen heute zum Teil auf Unterstützung hoffen, denn die Faszination, die sie ausüben, ist groß.[361] Die erste globale Ethik, die hier freilich in den Sinn kommt, ist die Allgemeine Erklärung der Menschenrechte der Vereinten Nationen von 1948. Ich will deren Nutzen für die ethnologische Theoriebildung in Ethik-Fragen einmal näher beleuchten.

3.1 Von den Menschenrechten zu einer ethnologischen Ethik?

Die breit geführte Debatte um den Gültigkeitsanspruch der Menschenrechtserklärung will ich hier nicht eingehender als unbedingt nötig vorstellen. Zu prüfen ist allerdings, ob die Menschenrechte die Grundlage einer ethnologischen Ethik bilden können, oder jene sich als unbrauchbar erweisen. Dabei geht es mir vor allem darum, unterschiedliche Perspektiven auf die Menschenrechtserklärung aufzugreifen, um auf ihre Risiken und Chancen hinzudeuten.

Das Spektrum der Argumentationen ist breit. Zu verweisen wäre hier einerseits auf die relativistischen Einwände gegen die Menschenrechtserklärung, wonach sie etwa einer afrikanischen Konzeption des Eigentums-, Erziehungs- oder Eherechts entgegen steht[362] oder der Landrechtsfrage im pazifischen Raum nicht hinreichend Rechnung trägt.[363] Zu verweisen wäre aber etwa auch – in Opposition dazu – auf Jürgen Habermas, der für eine konsequente Übernahme menschenrechtlicher Vorgaben in die konkrete legislative Praxis des Nationalstaats, d.h. im engeren Sinne für eine „Verrechtlichung" der Politik plädiert, um auf der Basis eines rein *juristischen*, aller Moralität entbundenen Menschenrechtsbegriffs universal gültige Menschenrechte durchzusetzen.[364]

Von dem Ethiker Hans-Richard Reuter wird unterdessen eine Perspektive vertreten, wonach der Universalitätsanspruch der Menschenrechte nicht in

361 ebd.
362 Bujo 1991: 217ff.
363 D"Arcy May 1991.
364 Habermas 1999: 223.

ihrer konkreten Ausformung, wohl aber mit ihrem Motiv geltend gemacht werden kann. Mit den Worten des Philosophen Otfried Höffe stellt er heraus: „Sie [die Menschenrechte] beziehen sich auf die Anfangsbedingungen, nicht auf die Vollendungsbedingungen des Humanum.“[365] Dem Grundsatz folgend, dass die Menschenrechtserklärung weder beschreiben könne, noch solle, was gut, sondern nur, was gerecht sei, entwirft Reuter drei fundamentale Menschenrechte, die er über alle nationalstaatlichen Grenzen und kulturellen Differenzen hinweg für durchsetzbar hält. Als diese betrachtet er das *Recht auf Leben und körperliche Unversehrtheit,* das *Recht auf Rechtssubjektivität und eine verlässliche politische Ordnung,* sowie das *Recht auf eine eigenständige und sinnhafte Lebensform.*[366] Ausgehend von den historischen Unrechtserfahrungen seien diese Fundamentalrechte die „Minimalbedingungen der Integrität der Personenwürde [...].“[367] Die Ausarbeitung einzelner „Derivativrechte“ sieht er dagegen dem lokalen kulturellen Kontext überlassen.[368]

Diese Konzeption erscheint auf den ersten Blick zumindest insoweit tragfähig, als sie den Anteil potentieller Reibungspunkte zwischen divergierenden Menschenrechtsauffassungen reduziert und kulturell bedingte Frontalzusammenstöße zu vermeiden sucht. Reuter verweist zwar darauf, dass Letztbegründungen der fundamentalen Rechte immer nur eine jeweilige religiöse, z.B. christliche Tradition liefern könne, plädiert aber nichtsdestotrotz für diese pragmatische Lösung.[369] Es ist in der Tat auch nichts gegen einen solchen Pragmatismus einzuwenden, sondern vielmehr anzuerkennen, dass, wenn anstelle eines 30 Paragraphen umfassenden Katalogs sich die allgemein verbindlichen Menschenrechte nur mehr auf drei Artikel belaufen würden, sich das Konfliktpotential einer solchen Fundamentalregelung vergleichsweise gering ausnimmt.

Damit könnte nicht nur die kulturspezifische Ausgestaltung des Rechtslebens stärker gewürdigt, sondern auch der Kritik an einer zu individualistisch konzipierten Subjektauffassung wirksam entsprochen

365 zit. n. Reuter 1996: 143.
366 ebd.: 144f.
367 ebd.: 144.
368 ebd.: 145.
369 ebd.

werden. Wie es sich mit dem Menschenrechtsgedanken[370] allerdings hinsichtlich seiner spezifisch ethnologischen „Relevanz“, verhält, ist bis hier schwer abzuschätzen. Es ist zwischenzeitlich klar geworden, dass sein Universalitätsanspruch aus spezifischen historischen Unrechtserfahrungen rührt, die es künftig in der Tat zu vermeiden gilt. Es ist auch klar, dass seine derzeitige Ausformulierung nicht uneingeschränkte Unterstützung genießt.[371] Um die Fruchtbarkeit der Menschenrechtsdebatte für die ethnologische Praxis[372] auszumachen, bedarf es aber eines weiteren Blicks hinter die Kulissen.

3.1.1 Rechtskolonialismus und menschenrechtliche Selbstkritik

Gelegentlich werden den Menschenrechten Zentrismen aller Art vorgeworfen, die sich zunächst nicht einfach von der Hand weisen lassen. Im Vordergrund stehen dabei Argumente, die sich vor allem auf den euro-amerikanischen Entstehungszusammenhang beziehen, den Menschenrechten unter dem Deckmantel der Ethik gar neo-imperialistische Tendenzen vorwerfen oder ein westlich-individualistisches Menschenbild ablehnen.[373] In der Tat ist die Allgemeine Erklärung der Menschenrechte nicht nur mehrheitlich von europäischen Gründungsmitgliedern der Vereinten Nationen abgefasst worden, sondern entstehungsgeschichtlich in der europäischen Aufklärung zu verorten.[374] Auch wenn dies selbstredend keine Neuigkeit darstellt, wird jener Aspekt gerne angeführt. Ich werde darauf noch einmal zurückkommen.

370 sowohl in seiner seit 1948 bestehenden Form als universelles Rechtsprinzip, wie auch in der hier vorgestellten Fundamentalversion

371 Es sei hier nur am Rande vermerkt, dass bereits zahlreiche alternative oder ergänzende menschenrechtliche Erklärungen verabschiedet worden sind, so etwa die *Allgemeine Erklärung der Menschenpflichten* des InterAction Councils von 1997, die *Erklärung zum Weltethos* des Parlaments der Weltreligionen von 1993, die *Bangkok Declaration* von 1993, der *Internationale Pakt über wirtschaftliche, soziale und kulturelle Rechte* von 1966 u.v.a.

372 dazu zähle ich hier sowohl die Theoriebildung wie auch die Feldforschung

373 Für eine Einführung in die Thematik vgl. Maier 1997, Bielefeldt 1994, Odersky 1994, Welsch 1997 u.a.

374 Welsch 1997: 740ff. Anm.: Der Autor verweist hier insbesondere auf den *Virginia Bill of Rights* von 1776 und die im Zuge der französischen Revolution errungene *Déclaration des droits de l"homme et du citoyen* von 1789.

Dem Eurozentrismus-Vorwurf des „rechtstheoretische[n] Kolonialismus“[375] lässt sich allerdings entgegnen mit einem Argument, das die Menschenrechte *eo ipso* als selbstkritisch ‚entlarvt‘. Wie Wolfgang Welsch beschreibt, ist es Anliegen der Menschenrechte, nicht-universalistische Prägungen abzulegen – darunter wäre etwa eine europäische zu verstehen – und sich ggf. einer Selbskritik zu unterziehen. Um diese selbstkritische Struktur zu verdeutlichen, zieht Welsch den Begriff der ‚Idealrelation‘ hinzu: jedes ausformulierte, d.i. positivierte Grundrecht ist ihm zufolge nicht die Letztbegründung seiner selbst, sondern rekurriert immer auf die *Idee der Menschenrechte.*[376] Jene selbst könne an und für sich nicht positiviert und *ergo* erlassen werden, drücke sich jedoch ihrerseits in den jeweiligen materialen, juristisch bindenden Grundrechten aus. In diesem Sinne habe die Idee sowohl begründende Funktion für die Grundrechte, als auch kritische, prüfende Funktion. Damit sei den Menschenrechten beides, die Fähigkeit und die Verpflichtung zur Selbstkritik, immanent. Der Eurozentrismusvorwurf wäre in dieser Hinsicht gerade Eigendesiderat der Menschenrechte, an dem sie sich messen und bewähren könnten, ihre Verordnung widerspräche in höchstem Maße ihrer Idee.[377] Im Umkehrschluss gelte es, die Gegner des Menschenrechtsgedankens genauso ernst zu nehmen, wie ihre Befürworter – verpflichte doch die Menschenrechtsposition ihre Vertreter geradezu zu dieser Haltung. Wenn nun andere Positionen, und in unserem Fall kulturell bedingte differierende Ansichten, aus der Logik ihrer Perspektive heraus gegen die Menschenrechte argumentierten, so sei gerade „die Alterität [des Anderen] anzuerkennen essentielle Idee der Menschenrechte [...].“[378] Damit geht Welsch in eine ganz ähnliche Richtung wie Sundermeier, der modellhaft skizziert, Gleichheit und Alterität in eins zu denken. So könnte kulturellem Rassismus vorgebeugt werden, ohne dem Anderen seine Andersheit abzuerkennen.[379]

Will man Welsch Glauben schenken, so stellen also intersubjektive *Anerkennungsverhältnisse* den Kern menschenrechtlicher Überlegungen dar. Der normative Charakter der Menschenrechtserklärung bezöge sich,

375 ebd.: 745.
376 diese muss hier selbstredend als ideal und *ergo* universell gedacht werden
377 Welsch 1997: 742ff.
378 ebd.: 741.
379 Sundermeier 1996: 129ff.

auf unser Problemfeld übertragen, mehr auf eine Respekts- und Anerkennungshaltung des Ethnologen gegenüber seinem Forschungsgegenstand, als auf die globale Verordnung bzw. Einhaltung selbigen Rechtsdokuments. Auf dieser Basis wäre m.E. bereits ein Grundpfeiler ethnologischer Ethik gewonnen. Ich möchte allerdings dennoch für einen Moment den geistesgeschichtlichen Entstehungszusammenhang eines europäischen Menschenrechtsdenkens vergegenwärtigen.

3.1.2 Gesinnungsethik, Verantwortungsethik, Ethik des Grenzgangs

Annette Hornbacher hat in ihrer Publikation VON DER FREIHEIT EINES ETHNOLOGEN die Keimzelle des Menschenrechtsgedankens in der europäischen Aufklärung im Hinblick auf den Vernunftbegriff untersucht, und dazu folgenden Problemzusammenhang aufgedeckt: Vernunftwesen – so lautet im Anschluss an Kant die These – erfüllten ihre Bestimmung erst in der freien Entscheidung zu einer verbindlichen gemeinsamen Praxis.[380] Der Freiheitsbegriff sei unmittelbar an den Vernunftbegriff gekoppelt, so dass freies Handeln nichts anderes als vernunftgemäßes Handeln bedeute. Daraus gingen folglich die verschiedenen Imperative[381] Kants hervor. Wie Hornbacher betont, gebe nun Kant „hier nicht in verschraubter Diktion die Lebensweisheit ‚Was du nicht willst, daß man dir tu...' zum besten [...]"[382], sondern beziehe sich mit der *Maxime* des Willens gleichsam auf die *Idee der Menschheit* im handelnden Subjekt: „Nicht was ich für mich und alle will, sondern was ich vernünftiger Weise *wollen kann,* wenn ich mich und alle anderen als Selbstzwecke anerkenne, ist das Gesetzmäßige an dieser Forderung"[383] konstatiert sie sinnigerweise und ergänzt:

> „Wenn Menschen [aber] prinzipiell als *freie Selbstzwecke* anzuerkenen [sic!] sind, erfasst eine Wissenschaft, der es vorrangig um sich selbst und ihre zweckfreien Theorien geht, weder die eigene noch die fremde

380 Hornbacher 1993: 42.

381 von denen Hornbacher hier zitiert: „Handle so, daß die Maxime deines Willens jederzeit zugleich als Prinzip einer allgemeinen Gesetzgebung gelten könne." (KrpV A54).

382 ebd.: 43.

383 ebd.

> menschliche Wirklichkeit. Wissenschaftliche Erkenntnis und praktische Anteilnahme sind hier also nur um den Preis zu trennen, daß man sich und seinem Gegenüber die Menschenwürde abspricht."[384]

Unter dieser Perspektive hat die Verantwortung gegenüber der Menschenwürde freilich immer Vorrang vor der Wissenschaft.[385] Sie erinnert stark an aktionsethnologische Ansätze, wonach als oberste Prämisse nicht die wissenschaftliche Erkenntnis, sondern die Wahrung der „Entscheidungsfreiheit" und „Selbstbestimmung"[386] der hier vom Forschungsobjekt zum Partner avancierten Kulturteilnehmer gilt.[387]

Kants Überlegungen sind allerdings mit einigen Mankos behaftet, von denen mir zwei hier besonders nennenswert scheinen: Ich meine mit Hornbacher zum einen, dass seine „strenge Rationalität und Allgemeingültigkeit [...] nur um den Preis der Abstraktion vom Einzelfall aufrecht zu erhalten" sind.[388] Es ist die Idee der Menschheit, die das ethische Handeln bestimmt, es sind nicht die konkreten Bedürfnisse, die sich etwa in einer Begegnungssituation mit dem Fremden ergeben. Die Alterität des Anderen wird *ergo* zugunsten eines allgemeinen Gesetzes aberkannt. Damit zusammen hängt ein zweiter Kritikpunkt: Kant entpuppt sich hier als idealtypischer Gesinnungsethiker. Die moralische Beurteilung bezieht sich bei ihm *ausschließlich* auf den guten Willen eines Menschen, und nicht auf die Folgen seines Handelns.[389] Bezogen auf die großen Herausforderungen, mit denen die Ethnologie in der Fremdbegegnung konfrontiert wird, verbunden mit den hohen Ansprüchen, die sie als Wissenschaft an sich selbst stellt, halte ich eine solche Gesinnungsethik aber für unzulänglich. Der Ethnologe kann nicht mit besten Absichten ins Feld gehen[390], für die möglichen Konsequenzen seiner Forschung aber nicht verantwortlich gemacht werden. Im Gegenteil, auch und gerade um die potentiellen (politischen, ökonomischen, sozialen etc.) Folgen ethnologischer Wissensgewinnung rankt sich doch die Ethik-Debatte des Fachs.

384 ebd.: 43f.
385 ebd.
386 Amborn 1993c: 132.
387 Amborn 1993b: 22.
388 Hornbacher 1993: 44.
389 ebd.
390 wie auch immer sich dieses beschreiben oder eingrenzen ließe

Von daher ist anzustreben, was Max Weber – freilich in einem ganz anderen Zusammenhang – in seinem Vortrag POLITIK ALS BERUF aufbereitet hat: eine sinnhafte Verquickung beider, gesinnungsethischer und verantwortungsethischer Ansprüche.[391]
Inwiefern das je konkret zu realisieren ist, kann ich an dieser Stelle kaum demonstrieren. Hinweisen will ich aber darauf, dass eine rein gesinnungsethische Ausrichtung der beständigen Gefahr eines zentristischen Denkens stärker ausgesetzt ist[392], als eine Verantwortungsethik, wohingegen diese sich ungleich schwerer in eine konsequente ethnologische Theoriebildung einleiten lässt.[393] Dabei stellt sich die Frage, ob gerade nicht sie zu einem gesteigerten Verständnis des Fremden beitragen kann. Mehr als den Ausgangspunkt für eine positivierbare ethische Charta zu markieren sollen aber selbige Überlegungen in erster Linie zu einem Bewusstseinsprozess beitragen, in dem der Horizont für ethische Fragestellungen stets erweitert wird.[394] Ich bin noch einmal mit Hornbacher einer Meinung, wenn sie sagt, „daß sich der Ethnologe über die Grenze und damit den Ort dieser Art von Ethik [der kantischen] bewußt bleiben muß, um im Rahmen einer [...] *Ethik des Grenzgangs* unser Konzept von Vernunft und Subjektivität auch überschreiten zu können."[395] Hierin wird von Hornbacher in der Tat die Brücke geschlagen von einer – im ersten Kapitel unternommenen – Dekonstruktion unserer Epistemologie hin zu den ethischen Erfordernissen der Fremdbegegnung. Zugleich eröffnet Hornbacher damit eine Praxis, die der Durchsetzung universeller Ethikstandards eine selbstreflexive Auseinandersetzung mit ethischen Herausforderungen entgegen setzt. Dass die selbstreflexive Debatte durch

391 vgl. Weber 1992.

392 auf ihre potentiell ideologische Färbung verweist m.E. bereits der Begriff der Gesinnung.

393 weil die Voraussetzungen ethischen Handelns immer noch eindeutiger bestimmt werden können, als im Voraus dessen potentielle Folgen

394 Karl-Heinz Kohl verweist hier auf die massive Kritik an der Erklärung der *American Anthropological Association* zu den Menschenrechten (Kohl 2000: 151), Annette Hornbacher betont, dass deren Ethik-Code von 1971 heute vielfach als „verfehltes Mittel einer moralischen Kontrolle, das in komplexen Situationen interkultureller Begegnung versagt [...]" gesehen werde (Hornbacher 2006: 27).

395 Hornbacher 1993: 47.

eine solche universelle Durchsetzung eher bedroht als gestützt wird, hat sie an anderer Stelle explizit geäußert.[396]

Zusammenfassend lässt sich sagen, dass, was die menschenrechtliche Debatte anbelangt, deren selbstkritische Dimension gezeigt werden konnte. Infolgedessen müssen Menschenrechte nicht notwendig als normatives Rechtsdokument betrachtet, sondern können vielmehr als intersubjektive Anerkennungsverhältnisse konzipiert werden. Unter dieser Voraussetzung mögen sie eine Grundhaltung formulieren, die dazu beitragen kann, das kulturell Fremde in seiner Eigengeltung wahrzunehmen und weniger zentristisch zu bewerten. Explizit auf die *ethnologische Theoriebildung* angewandt, halte ich sie aber für weniger verheißungsvoll. Der Ausflug in den frühen geistesgeschichtlichen Entstehungskontext menschenrechtlichen Denkens hat gezeigt, dass es eines hohen Abstraktionsniveaus in Verbindung mit gesinnungsethischen Anleihen bedarf, um universelle Verbindlichkeiten überhaupt denken zu können.
Erkenntnistheorie ist jedoch genausowenig von Ethik zu trennen, wie das moralische Selbstverständnis eines Ethnologen – gleichsam aus einer Not heraus – im Feld erst entsteht. Ethnologie ist, so formuliert Hornbacher, „bereits an und für sich, als Schreibtischtätigkeit, ein ethisches Thema."[397] Moralische und ethische Gesichtspunkte müssen daher m.E. nicht nur als nachträgliches Regulativ, sondern als Stimulus in der Theoriebildung wirken. Die Reflexion über erkenntnistheoretische Einsichten soll auch nach Amborn „vor dem Handeln stehen bzw. mit diesem dialektisch verbunden sein."[398] Die Ansprüche, welche er an eine jede künftige Ethnologie stellt, formuliert er deutlich: „Die Ethik soll [...] nicht als bloßer Appendix zum im übrigen unveränderten Theorieideal fungieren, sondern der Leitfaden für eine Neubesinnung auf das sein, was in der Ethnologie überhaupt Wissenschaft heißen kann."[399] Was die Allgemeine Erklärung der Menschenrechte anbelangt, so kann sie dies nur unzureichend gewährleisten.

396 Hornbacher 2006b: 28.
397 ebd.: 39.
398 Amborn 1993b: 18.
399 Amborn 1993a: 8.

3.2 Erkenntnistheoretische Ethik oder ethische Erkenntnistheorie?[400]

Wenn es ein Anliegen ist, dass Ethik die Bedingungen der Möglichkeit von Erkenntnis mitbestimmen und nicht nur deren diskursive Aushandlung regulieren soll, dann muss notwendig die Frage gestellt werden, ob wir einer erkenntnistheoretischen Ethik oder einer ethischen Erkenntnistheorie bedürfen. Eine solche Unterscheidung mag zunächst trivial erscheinen, zeigt bei genauerem Hinsehen aber, dass es sich gewissermaßen um ein ontologisches Prinzip handelt. Nach meinem Verständnis würde in der ersten Variante die Ethik theoretisiert und der Epistemologie zur Verfügung gestellt, so dass sie gleichsam zum Vehikel aller Erkenntnis würde. Dem entgegen hätte sie in der zweiten Variante eine eher kontrollierende Funktion, und würde ein Theorieideal unter ethischen Gesichtspunkten beurteilen. Gibt es aus dieser Aporie einen Ausweg? Zunächst muss ich voranstellen, hier nicht Epistemologie in dem Sinne betreiben zu wollen, Gesetze von Wissenschaft zu formulieren. Eher stimme ich Bernhard Waldenfels zu, der in PHÄNOMENOLOGIE IN FRANKREICH aufzeigt, die epistemologische Disziplin als „eine kritische Analyse der eigentümlichen Rationalität, die sich im historischen Gang der Wissenschaften, in ihren Prinzipien, Hypothesen, Techniken, Organisationsverweisen und Resultaten herausbildet", verstanden werden kann.[401] In diesem Sinne wäre dann vorliegender Text zu weiten Teilen als epistemologische Operation zu betrachten.

400 Bereits im Kapitel zu Reflexivität, Objektivität und Wahrheit habe ich mit Rabinow versucht, Erkenntnistheorie als nur eine spezifische Disziplin in philosophischen und geisteswissenschaftlichen Diskursen herauszustellen, die sich mit der Erkenntnis der Welt im allgemeinen befasst (Rabinow 1993: 158ff.). Hier will ich deshalb Erkenntnistheorie als weit gefassten Begriff verwenden, der sich nicht nur auf die historisch in der philosophischen Aufklärung entstandene Disziplin beschränkt. Erkenntnistheorie begreife ich dagegen vor allem als eine Art Metareflexion zu den Bedingungen anthropologioschen Fremdverstehens als solchem. Mit Ethik meine ich desgleichen weniger das philosophische Fach, als vielmehr ethische Überlegungen, die unter dem Begriff der Ethik zusammengefasst werden können. Sollte jeweils eine bestimmte Disziplin gemeint sein, so kennzeichne ich das an jeder Stelle im Text explizit.

401 Waldenfels 1983: 380.

Es ist vielversprechend, beide epistemologisch-ethischen Optionen einmal unter dem Gesichtspunkt zu betrachten, wie ihn Andreas Langenohl in seinem Vortrag ZWEIMAL REFLEXIVITÄT IN DER GEGENWÄRTIGEN SOZIALWISSENSCHAFT mit Bourdieus Konzeption narzisstischer und wissenschaftlicher Reflexivität herausgestellt hat.[402] Dieser habe, so lautet der Vorwurf, eine unlautere Theoretisierung des Reflexivitätsbegriffs vorgenommen und suche dabei „durch eine selbstreflexive Wiederaneignung von Objektivität“[403] – seine berühmte Objektivierung der Objektivierung – einen postpositivistischen und dennoch objektivistischen Wissenschaftsfortschritt zu sichern.[404] Mit diesem Anliegen verabsolutiere Bourdieu aber vorrangig sein eigenes, totalisierendes Ideal von Reflexivität, und würde dem Denken einer postmodernen Wende nicht gerecht: „Es ist, als ob die Derridasche différance in eine différence zurückgedeutet würde – nämlich in die durch Selbstbeobachtung reflektierbare Differenz unterschiedlicher sozialer Positionalitäten innerhalb der Gesellschaft [...]“[405] formuliert Langenohl entsprechend. Die Ethnologie betrachte demgegenüber Erkenntnisfortschritt als eine potenziell nicht abschließbare Prozedur, in der die eigenen Forschungsergebnisse mit alternativen Narrativen kontextualisiert und kontrastiert werden[406], und verweigere sich der Theoretisierung von Reflexivität.[407] Eine solche könne indes bei Bourdieu auch nur stattfinden, indem er sie mit der Axiomatik seines Theorieidioms rechtfertige. Der Begriff „wissenschaftliche Reflexivität“ und damit der Relativismusvorwurf gegenüber der Ethnologie sei von daher – wenn überhaupt – nur innerhalb dieses Idioms valide.[408] Aus ethnologischer Perspektive könne man dem entgegen setzen, gerade durch die Gegenüberstellung von Ausgangshypothesen und ihren allmählichen Veränderungen durch neue Deutungen im Forschungsverlauf Fortschritte zu erzielen.[409] Der Wert reflexiver Erkenntnis bemesse sich also nicht am

402 Langenohl 2009.
403 ebd.: 16.
404 ebd.: 15.
405 ebd.: 20.
406 ebd.: 16.
407 ebd.: 19.
408 ebd.: 23.
409 ebd.: 21.

Objektivitätsanspruch, „sondern an dem permanent demonstrierten Zuwachs von Kontextualität und Relationiertheit im Erkenntnisprozess, der eine immer feinteiligere Differenzierung der Ergebnisse ermöglicht."[410]

Unter reflexiver Erkenntnis verstehe ich indes nur Erkenntnis, die unter Einbezugnahme ethischer Kriterien gewonnen wurde. Denn nur unter der Berücksichtigung aller potentiellen Konsequenzen für alle Betroffenen kann m.E. von einem Erkenntniswert überhaupt gesprochen werden. Konkret hieße ein solches Unterfangen nach Herrmann Amborn allerdings, zugleich Verständnis *und* Handlungskompetenz im Forschungsprozess zu erlangen.[411] Der Weg dahin erweist sich als aporetisch: Da Geschehenes schlicht nicht rückgängig gemacht werden könne, müsse der Ethnologe anders vorgehen, als eine bereits formulierte Theorie empirisch auf ihre Brauchbarkeit hin zu überprüfen.[412] Und weiter heißt es bei Amborn:

> „Demgemäß müsste ich [aber] bereits etwas wissen bzw. handeln, bevor ich etwas weiß. Es ist ein grundlegendes Dilemma in allen unseren Fragestellungen, dass die Ethik immer hinter dem Wissen herhinkt. Aber gerade dieses Spannungsverhältnis macht Ethik notwendig."[413]

Gerade der bewusste Umgang mit Brüchen sei deshalb ethnologische Pflicht. Statt sie zu übertünchen, fordert Amborn vielmehr deren explizite Kennzeichnung.[414]

Betrachten wir vor diesem Hintergrund noch einmal die Dichotomie von erkenntnistheoretischer Ethik, und ethischer Erkenntnistheorie, so ergibt sich eine veränderte Perpektive: es gilt grundsätzlich zu fragen, ob sich eine Theoretisierung als möglich einerseits, und nötig andererseits darstellt. Bei einer Umdeutung müsste keiner der oben vorgebrachten Alternativen der Vorzug gegeben werden. Vielmehr könnte eine unmögliche Theoretisierung ethnologischer Ethik in den Versuch münden, ein ähnlich geschärftes Bewusstsein für ein flexibles, niemals zu systematisierendes, und doch stets neu zu überdenkendes „Ethos" zu gewinnen. Wie Annette Hornbacher anregt, mache es die Ethnologie gerade so *wertvoll*, vom Fremden immer wieder auf das Eigene gestoßen zu werden. Für sie bedeutet das aber auch,

410 ebd.
411 Amborn 1993b: 22.
412 ebd.
413 ebd.: 22f.
414 ebd.: 23.

konsequenterweise die oft sehr persönlichen, bruckstückhaften und *nicht rationalisierbaren* Erfahrungen des Feldforschungskontexts darzulegen, weil sonst ein Prinzip der Ausbeutung entstünde, mit dem gelebtes Wissen neutralisiert und nur in dem Maße, wie es in wissenschaftlichen Kategorien verwertbar sei, in den Diskurs Eingang würde.[415] Ähnlich betrachtet auch Michael Jackson den Ertrag von Ethnografie in erster Linie nicht darin, Wissen zu generieren, sondern den Dialog zu ermöglichen, in dem Wissen intersubjektiv ausgehandelt und gemeinsame Erfahrungen möglich werden.[416]
Fremdheit als „Differenzrelation“[417] ist unterdessen bereits mehrfach zur Sprache gekommen. Dabei konnte ein Spannungsfeld nachgezeichnet werden, das sich zwischen Aneignung und radikaler Enteignung des Fremden aufspannt und zunächst die epistemischen Grenzen ethnologischer Theoriebildung markiert. Inwiefern sich allerdings die Aneignung des Fremden konkret vollzieht, und dabei sich die erkenntnistheoretische Problematik als untrennbar mit einer ethischen verbunden erweist, verdeutlicht abermals Hornbacher: „Die Begegnung mit dem *Andern* findet nicht statt, solange keine Erweiterung *unserer* Parameter gelingt.“[418] Und sie erläutert exemplarisch:

> „So gibt es viele Ansätze, Regen- und Wachstumszeremonien – beispielsweise der Hopi – als symbolische Akte sozialer Identitässtiftung zu deuten, in den seltensten Fällen setzen sich aber Ethnologen einfach der Selbstdeutung dieser Menschen aus, denen es schlicht um Regen und Wachstum geht, und vollends wird verschwiegen, daß diese Zeremonien ihren Zweck häufig erfüllen.“[419]

Ganz offenkundig wird in dem hier skizzierten Szenario mehr die Ordnung des Eigenen bekundet, als dass ein Verstehen des Fremden erzielt würde. Darin offenbart sich nicht nur das ganze Dilemma ethnologischer Forschung[420], wie ich es oben unter Zuhilfenahme des Fremdheitsbegriffs auszuarbeiten versucht habe, sondern es zeigt sich zugleich als ethisches. Der tatsächlichen Eigengeltung des Fremden kann in solcher Form kaum

415 Hornbacher 1993: 40f.
416 Jackson 1996: 8.
417 Bargatzky 1997: XIII.
418 Hornbacher 1993: 41.
419 ebd.
420 die hier ganz offenkundig eng mit der Theoriebildung verquickt ist

stattgegeben werden. Im Gegenteil, die fremde Weltdeutung wird schlicht bewältigt.[421] In diesem Sinne interpretiere ich Annette Hornbachers Überlegung, den Glaube an die *„überzeitliche Gültigkeit der Dialektik der Aufklärung“*[422] zu korrigieren. Als eine Grenzaufgabe der Ethik könne sich dabei über das „Ändern-Wollen“ hinaus das „Sein-Lassen“ erweisen.[423] Das Ziel einer ethisch informierten Ethnologie könnte damit als „die Bereitschaft, unsere eigene Praxis so zu revolutionieren, dass sie das Andere und den Anderen sein lassen kann [...]“[424] formuliert werden.

Das erweist sich selbstredend als steiniger Weg. Im ersten Eindruck mag das Sein-Lassen eher der radikalen Enteignung als einer Aneignung entsprechen, dieser Eindruck täuscht jedoch. Wie Hornbacher das Sein-Lassen zeichnet, markiert es just jene goldene Mitte, die meiner Auffassung nach das Fremde weder im Eigenen auflöst, noch es in einem gewaltsamen *détachement* vom Eigenen zu seiner Geltung verhilft. Vielmehr deute ich ihr Anliegen so, die Begegnung mit dem Fremden gerade nicht zu einer ungebremsten Projektion der eigenen Werturteile geraten zu lassen, wie sie das obige Beispiel der Hopi illustriert.

Wissenschaftliche Einsichten in der Ethnologie fußen immer und überall auf der Begegnung mit realen Menschen. Ethnologie ist eine hochgradig kommunikative Wissenschaft[425], die in ihrer Tendenz immer auf eine Auflösung des Subjekt-Objekt-Verhältnisses drängt.[426] In einem viel existentielleren Sinn als der Notwendigkeit eines Maklers, eines ersten und wichtigsten Informanten, wie sie Sundermeier hervorhebt[427], ist die Ethnologie, wenn sie sinnvoll betrieben werden möchte, auf echte, tragfähige und verbindliche Beziehungen im Forschungskontext angewiesen. Nur aus diesen schöpft sie die großen Einsichten, nur mit ihnen konnte und kann sie Wissenschaft vom Menschen sein. Ich will deshalb in einem abschließenden Kapitel den Fragenkomplex ‚Beziehung‘ in

421 zu den „Bewältigungsstrategien“ gegenüber dem Fremden vgl. Waldenfels 1997: 48ff.

422 Hornbacher 2006b: 47.

423 ebd.

424 ebd.

425 Fabian 1993: 339, Bargatzky 1992: 24.

426 ebd.

427 Sundermeier 1996: 31f.

der Ethnologie genauer betrachten, und in Verbindung sowohl zu Erkenntnis-, wie auch zu ethischen Fragen setzen. Dabei gilt es, den erarbeiteten Fremdheitsbegriff von radikaler Fremdheit als Außerordentlichkeit zu wahren, zweitens soll, was die ethische Dimension anbelangt, die *Anerkennung* des Fremden und Anderen als Leitfaden dienen, und drittens soll erneut den Bedingungen von Erkenntnis unsere Aufmerksamkeit zuteil werden – freilich in dem kritischen Sinne, wie solche überhaupt zu erfüllen sind.

Emmanuel Lévinas hat die Beziehungsdimension in der Fremderfahrung immerfort betont. Auch wenn er sich hier nicht auf den ethnologischen Feldforschungskontext bezieht, so mag uns doch folgender Gedanke die Unmittelbarkeit der Fremdbegegnung vor Augen führen und unsere weiteren Überlegungen zu einer ethnologischen Ethik inspirieren:

> „[...] [D]ie Epiphanie des Anderen trägt ein eigenes Bedeuten bei sich, das unabhängig ist von dieser aus der Welt empfangenen Bedeutung. Der Andere kommt uns nicht nur aus dem Kontext entgegen, sondern unmittelbar, er bedeutet durch sich selbst. [...] Das Phänomen, das die Erscheinung des Anderen ist, ist auch *Antlitz*, oder auch folgendermaßen (um dieses Eintreten, das in jedem Augenblick in der Immanenz und Geschichtlichkeit des Phänomens stattfindet, zu zeigen): Die Epiphanie des Antlitzes ist *Heimsuchung*.“[428]

Was meint Antlitz hier? Welche Forderungen lassen sich daraus ableiten? Und inwiefern könnte schließlich das Konzept *Heimsuchung* in der Ethnologie fruchtbar werden? Wenden wir uns diesen Fragen näher zu.

3.3 Wissen, Erkenntnis, Verstehen relationieren

In der Einleitung zu seinem Sammelband THINGS AS THEY ARE beschäftigt sich Michael Jackson eingehend mit der Problematik des Subjekts im poststrukturalistischen Denken. In einem Passus wendet er sich Bourdieu und Foucault zu, und merkt zu deren Subjektkonzeption kritisch an: „Behind Bourdieu's and Foucault's refusal to admit the knowing subject to discourse is a refusal to give issues of existential power the same value as

428 Lévinas 1999: 220f. Hervorhebungen im Original.

issues of political power."[429] Seine Überlegungen gehen freilich dahin, das Subjekt (und, was uns hier besonders interessiert, das wissenschaftliche Subjekt) zu rehabilitieren und in seinem radikal-phänomenologischen Ansatz als Kristallisationspunkt im Prozess der Wissensgewinnung herauszustellen. Dabei geht es ihm keineswegs darum, eine subjektivistische Subjekttheorie zu entwerfen, sondern vielmehr darum, dessen vielfältige soziale Verbindungen und Beziehungen zu verdeutlichen, die phänomenologische Erkenntnis erst ermöglichen. Erfahrungen, so heißt es bei ihm, beträfen immer zugleich das Ich, als auch dessen vielfältige soziale Entsprechungen, die „social selves".[430] Interaktion, soziale Wahrnehmung und Beziehung bilden daher einen Grundbaustein phänomenologischer Forschung.[431] Im Selbst (d.h. im Subjekt als sozialem Wesen), so heißt es weiter, würde Bedeutung erst konkret sichtbar werden: „meaning takes shape in the transitory, multiplex, and phenomenal forms of particular lives."[432] Das Subjekt als Subjekt konstituiere sich aber erst in der sozialen Verbindlichkeit: „Subjectivity is in effect a matter of intersubjectivity, and experience is inter-experience [...]."[433]

Welche Entwicklung die Phänomenologie seit der ersten Hälfte des 20. Jahrhunderts durchlaufen haben muss, lässt sich hier in aller Deutlichkeit ablesen. Das „transzendentale Subjekt" Husserls, das vermittels der „phänomenologischen Reduktion" in einer inneren Wesensschau zum Kern der Dinge vordringt, nimmt bei Jackson vielmehr sozial bestimmte Züge an. Subjektivität wird von ihm erst als *Folge* von Intersubjektivität gedacht, das Individuum nur in seinem sozialen Zusammenhang als solches erkannt. Bedenkt man diesen Kurswechsel für eine phänomenologische Ethnologie, so bedeutet das genau *einen* möglichen Zugang zu Realität: „In this view, reality is not to be sought beneath the empirical – in unconscious forms, instinctual drives, or antecedent causes – but in the constructive and deconstructive dialectic of the lived *interpersonal* world."[434] Gleichsam als Korrektiv einer langen Tradition, die Kultur als Metatext konkreter

429 Jackson 1996: 22.
430 ebd.: 26.
431 ebd.
432 ebd.: 23.
433 ebd.: 26. Anm.: Jackson bezieht sich hier auf Merleau-Ponty.
434 ebd. Hervorhebung von mir.

menschlicher Existenz konzipiert hatte, könne die Phänomenologie zu einer Neuorientierung in der Ethnologie beitragen, die solcherlei Essentialisierungen vermeide:

> „What ethnography demands of phenomenology is resistance to generalizations made on the strength of one's own self-understanding. This is not an argument against generalizations *per se*; rather it is a refusal to accord generalizations objective or omniscent status. It is an invitation to appraise generalizations as a ‚tool for convivality', as a way of mediating conversations and social relations [...].“[435]

In diesem Sinne ist die Phänomenologie auch als Plädoyer zur Erforschung und Rehabilitation praktischen Wissens zu verstehen. Denn nicht alles menschliche Handeln – ich verweise nochmals auf Hornbachers Beispiel der Regen- und Wachstumszeremonien unter den Hopi – ist von einem rationalistischen Konzept gestützt.[436] Eine phänomenologisch informierte Ethnografie kann vor diesem Hintergrund auch als Kritik einer westlichen Metaphysik gedeutet werden, die theoretisches Wissen nicht als ursprünglich praktisches Wissen begreift und dabei vergisst, dass sich in den meisten Gesellschaften die Wertigkeit von Wissen an ihrem sozialen Wert bemisst.[437] Unter selbigen Vorzeichen muss auch John Bergers berühmt gewordene Äußerung zur gesellschaftlichen Dimension von Abstraktionsmechanismen gesehen werden. Er sagt:

> „In poor societies abstraction and tyranny go together; in rich societies it is indifference which usually goes with abstraction. Abstraction's capacity to ignore what is real (and the heart can abstract as well as the mind: unjustified jealousy, for example, is an abstraction) is undoubtedly where most evil begins.“[438]

Vielleicht können alle diese Aspekte dazu beitragen, unser Bewusstsein dafür zu schärfen, dass der Beziehung im Forschungskontext eine entscheidende Stellung zukommt, in ethischer wie in erkenntnistheoretischer Hinsicht. Vielleicht kann vor diesem Hintergrund auch der Intentionalitätsbegriff, den ich im Husserl-Exkurs eingebracht habe, noch einmal kritisch auf seine Bedeutung hin befragt werden. Denn wenn Bewusstsein immer Bewusstsein von etwas ist, auf das es sich intentional

435 ebd.: 19.
436 ebd.: 34.
437 ebd.: 36.
438 Berger 1985: 266f. zit. n. Jackson 1996: 40.

richtet, so meine ich, dass, auf die Ethnologie übertragen, damit nur das Bewusstsein von dem und den fremden Menschen gemeint sein kann. In diesem Sinne verstehe ich auch Jacksons Argument, dass ein erfahrendes Subjekt gar nicht anders als intentional, bedeutungsvoll, gezielt handelnd gedacht werden kann.[439] Hinter die Einsicht, dass ethnologische Ergebnisse immer in unmittelbarer Verbindung zu realen Menschen steht, und Erkenntnisse immer auf konkrete Ereignisse, Situationen, Erinnerungen etc. zurückverweisen, darf eine moderne Theoriebildung jedenfalls nicht mehr zurückfallen. Michael Jackson formuliert dazu programmatisch:

> „If we are to dissolve once and for all the invidious epistemological divisions that mark off the world of the European intellectual from the world of the irrational 'savage', that separate doxa from opinion and reason from affectivity, we must disclose the hidden agendas and instrumentalities behind the fiction of interpretive and eplanatory totalization, and relate forms of knowledge to the existential contexts which foreshadow them.[440]

3.3.1 Zusammengehörigkeit und Differenz

In dieselbe Richtung weisend lese ich auch Sundermeier, der sich in seinem interdisziplinär angelegten Band DEN FREMDEN VERSTEHEN unter anderem mit der Entwicklung eines Modells befasst, das eine adäquate Darstellung der Beziehung zum Fremden anstrebt. Am nächsten kommt dem Sundermeier zufolge eine Trias, die die Distanz zum Anderen genauso zeichnet wie die Nähe, und die „ein Mitsein mit dem anderen einschließt."[441] Ausgangspunkt dafür bildet die Überlegung, dass das, was mich konstituiert, mich gleichzeitig vom anderen trennt.[442] Damit wird die Zurückgeworfenheit durch das Fremde auf das Eigene, die ich immer wieder thematisiert habe, gewissermaßen umgekehrt: mit dem, was ich bin, verweise ich auch immer auf den, der ich nicht bin – der Selbstbezug ist immer auch ein Fremdbezug. Die relationale Konstitution erfolgt infolgedessen nicht nur auf der Ebene zweier sich begegnender Fremder, sondern bereits darin, Zusammengehörigkeit und Differenz ursprünglich in

439 ebd.: 30.
440 ebd.: 37.
441 Sundermeier 1996: 132.
442 ebd.: 133.

eins zu denken.[443] Vor diesem Hintergrund spricht Sundermeier in einer ‚Osmose-Metaphorik' auch von einem „homöostatische[n] Modell"[444] und betont:

> „Die Sorge [...], durch den Rückzug auf das Selbst, durch die Rückkehr aus der Exteriorität in das Eigene den anderen zu vereinnahmen und zu verfremden, kann jetzt als unbegründet abgetan werden, denn mit der Gefährdung meiner Identität steht die des anderen auf dem Spiel, ein wechselseitiges Geschehen."[445]

Läuft die Fremdbegegnung also nach Sundermeier auf eine dualistisch konzipierte Beziehung à la Martin Buber hinaus? Nein, heißt es hier von ihm ganz klar. Bubers „Ontologie der Beziehung"[446], wonach die Ich-Es-Beziehung nur vermittels einer Ich-Du-Beziehung konzipiert werden könne, und das Ich erst durch das Du zum Ich werde[447], ist letztlich eine Ontologie der Freundschaft. Sundermeier konstatiert:

> „Der andere ist [bei Buber] niemals der Fremde. Die Alterität des Du ist keine echte Alterität, sondern durch das Gleiche verbrämt und verschönt. [...] Die der liebenden Zweierbeziehung inhärente Gefahr der Exklusivität wird von Buber nicht thematisiert."[448]

Was wir mit Sundermeiers Modell vergegenwärtigen können, ist das reziproke Sich-in-Beziehung-Setzen mit dem jeweils anderen, aus der die Selbstkonstitution überhaupt erst hervorgeht – auch und gerade in ethnologischen Zusammenhängen. Dabei schaffen wir mit dem Denken von Differenz und Zusammengehörigkeit *in einem* einen allgemein tragfähigen Modus zwischenmenschlicher Begegnung und ethnologischer Praxis – kurz: eine universale Bedingung des Fremdverstehens. Freilich darf diese weder inhaltlich, noch prinzipiell gefüllt werden. An diesen Versuchen ist, wie oben gezeigt, etwa Husserl gescheitert, weil sie im Bann der Aneignung verblieben sind. Vielmehr müsste, im Sinne Derridas, ein solcher Universalismus die Dynamik seiner eigenen Umsetzung einbeziehen und infolgedessen als Universalisierung gedacht werden.[449] Was Derrida in

443 ebd.
444 ebd.: 136.
445 ebd.: 135.
446 ebd.: 61.
447 ebd.
448 Sundermeier 1996: 62.
449 Frank 2006: 63f.

einem ganz anderen Zusammenhang in Bezug auf den *Souveränitätsbegriff* äußert, der sich notwendig auf den Begriff des *Unbedingten* beziehen muss, um seine Kompetenz als Souverän zu erhalten[450], lässt sich unschwer auf unseren Gegenstand übertragen. Ich zitiere einen Passus aus DAS ANDERE KAP, der diesen Gedanken plausibilisiert:

> „Der Begriff des Allgemeinen oder Universellen und der mit ihm verbundene Wert kapitalisieren [...] alle Antinomien, weil sie sich an Begriff und Wert des Beispielhaften binden müssen; dieses schreibt das Universelle dem Leib eines Singulären, eines Idioms einer Kultur ein. [...] [D]ie Selbstbehauptung einer Identität erhebt stets den Anspruch, auf den Anruf oder die Anweisung des Universellen zu antworten. Dieses Gesetz duldet keine Ausnahme. Keine kulturelle Identität stellt sich als der undurchlässige Leib oder Körper eines Idioms dar, im Gegenteil: jede erscheint immer als die unersetzbare Einschreibung des Universellen in das Singuläre, als das einzigartige Zeugnis des menschlichen Wesens und des Eigentlichen des Menschen. Regelmäßig stoßen wir auf den Diskurs der Verantwortung. Ich trage – das einzigartige ‚Ich' trägt – die Verantwortung, Zeugnis abzulegen vom Universellen. Jedesmal ist die Beispielhaftigkeit des Beispiels einzigartig. Deshalb bildet sie eine Reihe, und nimmt die Gestalt des Gesetzes an."[451]

Wenn ich den Fremden und mich selbst als jeweils einzigartig und beispielhaft vom Universellen Zeugnis ablegenden Menschen begreife, so kann die Andersheit des Anderen dauerhaft gewahrt und dennoch eine gemeinsame Verstehensbasis qua menschlicher Existenz angenommen werden. Differenz und Zusammengehörigkeit bilden so weniger einen – in Termini der Logik so zu bezeichnenden – Widerspruch, sondern vielmehr den Seinszustand menschlichen Lebens überhaupt. Freilich ist die Umsetzung einer solchen Konzeption für die Ethnologie schwierig. Dennoch meine ich, dass ein solches Denken etwa in den Dialog mit dem Fremden Eingang finden, und auch in der repräsentierenden Monografie seinen Niederschlag finden könnte.

Betrachten wir in diesem Zusammenhang noch einmal genauer die *Beziehung* zum Anderen, die vor allem bei Lévinas in der Philosophie eine übergeordnete Bedeutung erhält. Einen Aspekt – seine Ethik betreffend – will ich bereits hier vorweg nehmen: sie entpuppt sich bald als diakonisch,

450 ebd.: 66.
451 Derrida 1992: 54.

der Andere kommt bei Lévinas nur als der Bedürftige in den Blick.[452] Das soll der Bedeutung seines Denkens für die Ethnologie indes keinen Abbruch tun, denn spätestens mit der Aktionsforschung hat auch diese Dimension in die Debatte Einzug gehalten. Ich meine damit nicht den eigentlichen Kritikpunkt, Aktionsethnologen litten unter einem Helfersyndrom, auf den Amborn am Rande verweist[453], ich meine auch nicht die Lévi-Strausssche Konzeption von Ethnologie als Sühne[454], sondern stimme vielmehr in einem ganz allgemeinen Sinne mit Karl Schlesier überein, demzufolge Ethnologie für die Erhaltung des Lebens, gegen kulturelle und politische Unterdrückung, gegen Ethnozentrismus und für menschenfreundliche Lebensformen einstehen muss.[455] Hierbei verstehe ich Handeln in erster Linie als Dienst am Anderen.

3.3.2 Das Antlitz des Anderen

Für Lévinas ist die Begegnung mit dem Fremden ein „Exodus ohne Heimkehr“[456], die Fremderfahrung hinterlässt tiefe, bleibende Eindrücke. Dabei versucht er jederzeit, die Essentialisierung des Anderen zu vermeiden und ihn vielmehr so weit zu dekonstruieren, dass nichts Materiales bleibt, das einer Identifikation anheim fallen könnte: „Identifikation ist heimliche Aneignung“ sagt Sundermeier dazu treffend, sie sei das trojanische Pferd, mit dem der überwunden geglaubte Idealismus doch wieder ins Spiel käme.[457] Wenn der Andere aber keine konkrete Figur ist, wie gestaltet sich dann die Beziehung mit ihm?

Ein Schlüsselbegriff zu Lévinas Verständnis der Fremderfahrung ist das *Antlitz*. Der Andere erweist sich nicht als konkrete Gestalt, sondern als ein Aufleuchten des Antlitzes, das in seiner kurzen, punktuellen Präsenz auf eine Spur verweist[458], vielmehr, als dass es selbst je konkret – und das hieße für Lévinas phänomenologisch – festzuhalten wäre. Das Antlitz lässt sich keiner Phänomenologie unterordnen. Es spricht für sich selbst und weist

452 Lévinas 1999: 222f.
453 Amborn 1993: 134.
454 Lévi-Strauss 1982: 384.
455 zit. n. Amborn 1993: 133.
456 Sundermeier 1996: 64.
457 ebd.
458 ebd.: 65.

zugleich über sich hinaus. In ETHIK UND UNENDLICHES formuliert Lévinas daher:

> „Wenn Sie eine Nase, Augen, eine Stirn, ein Kinn sehen und sie beschreiben können, dann wenden Sie sich dem *Anderen* wie einem Objekt zu. Die beste Art, dem *Anderen* zu begegnen, liegt darin, nicht einmal seine Augenfarbe zu bemerken. Wenn man auf die Augenfarbe achtet, ist man nicht in einer sozialen Beziehung zum *Anderen*. Die Beziehung zum Antlitz kann gewiss durch die Wahrnehmung beherrscht werden, aber das, was das Spezifische des Antlitzes ausmacht, ist das, was sich nicht darauf reduzieren lässt.“[459]

Wie Theo Sundermeier zurecht feststellt, geht es nun Lévinas nicht darum, aus der Begegnung mit der „Nacktheit des Antlitzes“[460] eine ethische Handlungsanweisung zu konzipieren oder abzuleiten[461], denn die Begegnung ist selbst irreduzibel. Vielmehr betont Lévinas mehrfach, dass die „Verstrickung mit dem Anderen von vornherein ethischen Charakter“[462] habe. In seinen Gesprächen mit Philippe Nemo äußert er sogar einmal, dass „der *Zugang* zum Antlitz von vornherein ethischer Art“[463] sei. Dabei geht er freilich von keiner uns unbekannten Axiomatik aus: auch beim ihm ist die Rückwirkung des Fremden auf das Eigene von *zentraler* Bedeutung. So entpuppt sich die kritische Selbstreflexion für Lévinas als „nichts anderes als das Empfangen des absolut Anderen.“[464] In diesem selbstkritischen Moment setze auch die Ethik an: „Die Infragestellung meiner Selbst durch den Anderen macht mich dem Anderen in unvergleichlicher und einziger Weise solidarisch.“[465] Daraus ergebe sich gleichfalls ihm gegenüber eine Verantwortung, der es jederzeit nachzukommen gelte:

> „Die Einzigkeit des Ich liegt in der Tatsache, daß niemand an meiner Stelle antworten kann. Die Verantwortung, die dem Ich seinen Imperialismus und seinen Egoismus austreibt – sei es auch Heilsegoismus – [...] bestätigt es in seiner Selbstheit, in seiner Funktion als Träger des Universums.“[466]

459 Lévinas 2008: 63. Hervorhebungen im Original.
460 Levinas 1999: 222.
461 Sundermeier 1996: 65.
462 Lévinas 1985: 207, vgl. auch Lévinas 1999: 223ff.
463 Lévinas 2008: 63. Hervorhebung von mir.
464 Lévinas 1999: 224.
465 ebd.
466 ebd.: 224f.

Dabei fällt es Lévinas leicht, die innere Verbindung von *Antwort* und *Verantwortung* herauszustellen: im *Gespräch* von dem Einen und dem Anderen gestalte sich die authentische Beziehung.[467] Die Regung des Eigenen als Antwort auf das Fremde, wie wir mit Waldenfels die Beziehung zum Fremden benannt haben, findet bei Lévinas also ihre Entsprechung im Gespräch mit dem nackten Antlitz. Das Eigene aber, die urtümliche Subjektivität, die sich erst in der Beziehung zum Anderen herausbildet, wird von Lévinas bereits in ethische Begriffe gefasst: „Die Ethik erscheint hier nicht als Supplement zu einer vorgegebenen existentiellen Basis; innerhalb der als Verantwortlichkeit verstandenen Ethik wird der eigentliche Knoten des Subjektiven geknüpft."[468] Seinen bedrohlichen Charakter und seine subversive Gewalt hat der Andere bei Lévinas freilich eingebüßt: „Die Nacktheit des Antlitzes ist Not, und in der Direktheit, die auf mich zielt, ist es schon inständiges Flehen. Aber dieses Flehen fordert. In ihm vereinigt sich die Demut mit der Erhabenheit."[469] Genau diese Situation spiegelt sich auch im Terminus *Heimsuchung*: In dem Moment, wo der Andere anspricht, ist man für ihn verantwortlich, nicht nur in dem Sinne, dass man Verantwortung übernehmen muss, sondern viel existentieller die Verantwortung einem bereits obliegt.[470] Nicht umsonst spricht Lévinas deshalb von „Diakonie", vom Dienst, der am Anderen zu tun ist[471] und Theo Sundermeier ergänzt ganz in diesem Sinne, Lévinas wolle nicht an Gewissen und Moral appellieren, sondern direkt ins Handeln überführen.[472] Der Beziehung in Fremdheit – Andersheit sei bei Lévinas immer radikale Andersheit – käme das biblische Gleichnis vom barmherzigen Samariter am nächsten, der vom ausgeraubten Juden heimgesucht werde und sich, im Anblick von dessen Antlitz, solidarisch verhalte.[473] Die Andersheit bleibt bei Lévinas insofern jederzeit gewahrt.[474]

467 Lévinas 2008: 65.
468 ebd.: 71.
469 Lévinas 1999: 222f.
470 Lévinas 2008: 72.
471 ebd.
472 Sundermeier 1996: 67.
473 ebd.: 68.
474 ebd.

Mit einer solchen philosophischen – und judäo-christlich inspirierten[475] – Konzeption des Anderen gelingt Lévinas ein wichtiger gedanklicher Nexus, den vor ihm viele andere Theoretikern nicht gemeistert haben: zwischenmenschliche Solidarität und ontologische Differenz bilden bei ihm keinen Widerspruch, der nur mit einer Pragmatik des Kompromisses zu überbrücken ist, sondern bedingen sich gegenseitig vielmehr. Die diakonische Dimension der Begegnung mit dem Anderen zeigt das sehr deutlich.
Es wäre nun selbstredend vermessen, den Anderen in der Ethnologie nur als Bittsteller zu konzipieren. Zyniker würden möglicherweise sogar behaupten, der Ethnologe sei der Bittsteller – derjenige, der bei der Gastgeberkultur beantrage, eine Forschung durchführen zu dürfen. Was sich bei Lévinas nichtsdestotrotz in aller Deutlichkeit herauskristallisiert – und deshalb liegt er mir für die Ethnologie am Herzen – ist die Fragilität zwischenmenschlicher Beziehung, insbesondere in der Fremdbegegnung.

3.4 Stufen fremdkulturellen Verstehens

Was lässt sich aber in der Auseinandersetzung mit Lévinas nun konkret für die Ethnologie erkennen? Können seine Ansätze überhaupt sinnvoll implementiert werden? Wie ich finde, ermöglicht er vor allem eines: er zeigt, dass die Anerkennun uder Alterität des Anderen wirklich verinnerlicht werden und als Grundlage *aller* Überlegungen zum Anderen fungieren kann. Damit eröffnet Lévinas freilich zugleich, dass man unendlich vorsichtig mit dem Anderen umgehen muss, um ihn in seiner jeweiligen Eigengeltung zu belassen. Was wir bereits früher am Anerkennungsgedanken der Menschenrechte gesehen haben, erreicht bei Lévinas eine plastische Ausformung in der realen Begegnung mit dem anderen Menschen. Diese Wahrung der unendlichen Alterität des Fremden gestaltet sich für die Ethnologie als große Herausforderung wie auch als Notwendigkeit. Die Gefahr, die von vorgeblich ‚verstehenden' Aneignungsbemühungen ethnologischer Repräsentationen ausgeht, haben wir gesehen. Vielleicht muss, um im Bild zu bleiben, der Nexus von

475 Sundermeier 1996: 66f.

‚Verstehen' und ‚Verständnis', von ‚verstehender' und ‚verständnisvoller' Ethnologie immer und immer wieder hergestellt und reflektiert werden. Denn ein Verstehen des Fremden ohne ein Verständnis für ihn (und seine Belange, Bedürfnisse, Probleme) ist indes schwerlich denkbar. Was Lévinas in Bezug auf die Physiognomie des Antlitzes geäußert hat, trifft m.E. die Herausforderung auf den Punkt. Vergegenwärtigen wir uns noch einmal folgendes Zitat:

> „Wenn Sie eine Nase, Augen, eine Stirn, ein Kinn sehen und sie beschreiben können, dann wenden Sie sich dem *Anderen* wie einem Objekt zu. Die beste Art, dem *Anderen* zu begegnen, liegt darin, nicht einmal seine Augenfarbe zu bemerken. Wenn man auf die Augenfarbe achtet, ist man nicht in einer sozialen Beziehung zum *Anderen*."[476]

Nicht auf dessen Augenfarbe zu achten ist freilich keineswegs als die Absage an seine Besonderheiten, sondern vielmehr als den Anspruch, dem ganzen Menschen zu begegnen, ohne ihn sogleich identifizieren, klassifizieren und vergleichen zu müssen, zu verstehen. In der Ethnologie ginge es – das einmal implementiert – dann in erster Linie nicht mehr um das minutiöse Dokumentieren der fremdkulturellen Phänomene, sondern um die Beziehung zu dem – oder vielmehr den – fremden Menschen, in der *sie sich zeigen* und das, was für die Repräsentation bestimmt sein wird, aktiv mitgestalten. Damit würde ganz von selbst davon Zeugnis abgelegt, dass ethnologische Forschung auf der Interaktion von Menschen beruht. Gerade die Untersuchung der Beziehung zum fremden – und damit zunächst unzugänglichen – Menschen würde so eine reiche Quelle ethnologischer (Selbst-) Erkenntnis und Theoriebildung darstellen.

Ich will hier keineswegs die Vorzüge genauer ethnografischer Dokumentation (z.B. von Artefakten, Genealogien, Eigentumsverhältnissen o.ä.) in Abrede stellen. Mein Hinweis gilt lediglich dem Risiko, vor lauter Bäumen den Wald nicht mehr zu sehen. Die Ethnografie darf sich nicht der Erfassung der Fremdkultur zuwenden, ohne den zwischenmenschlichen Berührungspunkten, in deren Rahmen die Ethnografie entsteht, nicht hinreichend Rechnung zu tragen: Die Achtung vor der Beziehung zum fremden Menschen kommt notwendig vor Beantwortung der Fragestellung und Fixierung der wissenschaftlichen Einsichten zum Tragen. Dabei muss

476 Lévinas 2008: 63.

sich beides nicht gegenseitig ausschließen, im Gegenteil. Aber es bedarf des Bewusstsein, der Reflexion des Eigenen, der Anerkennung des Anderen und nicht zuletzt einer Repräsentationspraxis, die Fragen offen lassen darf und die sich selbst Fragen stellt. Der Fremde ist nicht vollständig zu verstehen[477] – und er wird es nie sein. Aber er lässt sich mit einer respektvollen Haltung annähern, langsam, mit Geduld, und unter Preisgabe einer Praxis, deren höchste Prämisse und einziger Erfog die Kohärenz ist. In diesem Sinne interpretiere ich auch Tobias Rees, wenn er die folgende radikale Perspektive entwirft:

> „Andere Menschen mit Wissen oder Denken erfassen zu wollen, muß fehlschlagen; denn das Denken vermag nichts hervorzubringen, was es selbst übersteigt und der Mensch übersteigt ganz offensichtlich das Faßbare.
>
> Menschen sind beweglich. Sie bewegen sich frei in einem eventuell von allen anders wahrgenommenem Raum, der keine klare Anordnung hat, weil er selber fließend ist. *Menschen zu definieren, bedeutet diesen Fluß und die dazugehörige Unsicherheit nicht zu akzeptieren. Sie festzulegen, bedeutet ihnen die Bewegung zu nehmen, sie einzuschränken und Macht über sie auszuüben.*“[478]

Der interpretativen Ethnologie ist die Einsicht zu verdanken, dass ein Verstehensprozess niemals vollständig beendet sein kann. Wenngleich ihr Anspruch, universelles Wissen zu produzieren[479] heute als gescheitert betrachtet werden darf, so halte ich das hermeneutische Problembewusstsein hinsichtlich der Faktizität von Beobachtungen und Erfahrungen für immer noch zeitgemäß. Wenn überhaupt, so kann ein Fremdverstehen nur in Form aufeinander aufbauender Stufen erfolgen, die freilich von Brüchen, Widersprüchen und Gegensätzen durchzogen sind, und die niemals in endgültiger Art und Weise über den Fremden verfügen.

Sehr erhellend ist in diesem Zusammenhang eine Skizze von Sundermeier, der die Stufen fremdkulturellen Verstehens in Beziehung zu den verschiedenen Dimensionen von Feldforschung setzt und die ich hier übernehmen will.

477 Kohl 2002: 224.

478 Rees 1998: 8f. Hervorhebungen im Original.

479 ebd.: 1.

Das fremde Gegenüber	Subjektive Haltung	Objektive Erfassung	Handlungsebene
Phänomenebene	Epoché	beschreibende Analyse	Wahrnehmung in Distanz
Zeichenebene	Sympathie	Kontextualisierung	Teilnehmende Beobachtung
Symbolebene	Empathie	Vergl. Interpretation	(Teil-) Identifikation
Relevanzebene	Respekt	Übersetzung/Transfer zu uns hin	Konvivenz

Abbildung 3: Stufen des Fremdverstehens nach Sundermeier[480]

Bemerkenswert erscheint mir zum einen, dass Sundermeier – der freilich in einer hermeneutisch-phänomenologischen Tradition steht – zusätzlich zur Phänomen-, Zeichen- und Symbolebene eine Relevanzebene einführt, die auf einen weiteren Horizont verweist, als den einer klassischen Feldforschung, die nach der Niederschrift der Ethnografie ihre Aufgabe als erledigt versteht. Für nennenswert erachte ich auch, dass die Teilnehmende Beobachtung hier bereits auf der zweiten, der Zeichenebene bei insgesamt vier Ebenen angesiedelt ist. Auf der letzten Stufe erscheint schließlich die Konvivenz. Als solche wäre nach Sundermeier die Wahrnehmung ohne Aneignung und die Anerkennung der Differenz in einem zu betrachten.[481] Auch wenn solche Losungen freilich leicht über die Lippen gehen, steckt darin m.E. die zentrale Herausforderung für eine gesellschaftlich wirksame kulturwissenschaftliche Forschung im Allgemeinen und eine zeitgenössische Ethnologie im Besonderen in einer von sozialen, kulturellen, ethnischen und ökonomischen Konflikten durchzogenen Welt.

480 die wörtliche Vorlage lieferte hier Theo Sundermeier (vgl. Sundermeier 1996: 155)

481 Sundermeier 1996: 192.

Schlusswort

Auf der Grundlage allgemeiner Problemfelder des Postmoderne-Zeitalters habe ich zunächst grob die Herausforderungen in Verständnis und Darstellung des ethnologischen Gegenstands im Anschluss an die Writing-Culture-Debatte aufzuzeigen versucht. Von der Tatsache abgesehen, dass sich dieser Gegenstand weniger als empirische Realität, denn vielmehr als Hilfskonstruktion der Ethnologie erwiesen hat, wurde sehr bald deutlich, in welche Dilemmata sich das Fach durch den Begriff des ‚kulturell Fremden' verstrickt. In einigen zwischen Ethnologie und Philosophie angesiedelten Exkursen konnte ich hoffentlich verdeutlichen, dass eine nähere Bestimmung und zugleich ein Verständnis des Fremden aber aporetisch bleiben muss, weil jenes sich gerade zeigt, indem es sich entzieht. Vor diesem Hintergrund erscheint die Repräsentationsfrage um Aspekte ergänzungswürdig, die insbesondere die ethische Dimension fremdkulturellen Verstehens in den Mittelpunkt rücken. Statt der Entwicklung universeller ethischer Standards erweist sich eine selbstreflexiv ausgerichtete Ethik der Fremdbegegnung als angemessen, die den spezifischen anthropologischen Bedingungen ethnologischer Wissens- und Theoriebildung Rechnung zu tragen versucht. Die Absage an die Universalität und Objektivität des wissenschaftlichen Denkens hat zugleich das fruchtbare Potential der vermittels menschlicher Berührungspunkte und zutiefst subjektiver Beziehungen gewonnenen Erkenntnisse für die Ethnologie sichtbar werden lassen.

Wie Michael Jackson bemerkt, sollen *Erklärungen* über den Menschen auch künftig nicht aus dem ethnologischen Diskurs vertrieben werden. Aber sie dürfen keine unangetastete epistemologische Exklusivstellung mehr inne haben.[482] Der Mensch (und hier vor allem der fremde Mensch, der freilich jeder sein kann) ist mehr, als der Begriff „Erklären" überhaupt ausschöpfen kann. Theo Sundermeiers Überlegungen zur Konvivenz bekräftigen diese Perspektive: Die Anerkennung von Differenz wird

482 Jackson 1996: 42.

namentlich gerade dort unabkömmlich, wo der Horizont des Logos „Erklären" endet.[483]

Ist nun aber ein wissenschaftliches Verstehen des kulturell Fremden möglich oder nicht? Ja und Nein, die Antwort muss uneindeutig bleiben, wenn sie dem Paradox des Fremden gerecht werden will. Unmöglich ist es bereits deshalb, weil eine totalisierende Frage weder mit Ja noch mit Nein beantwortet werden darf. Ebenso schwierig ist es auch deshalb, weil das Fremde weder verstanden wird, wenn es in den eigenen Horizont übersetzt und *ergo* angeeignet wird, noch, wenn es außerhalb dieses Horizontes verbleibt. Dennoch kann man mit dem Fremden in Beziehung treten, mehr noch, es hat sich bereits Beziehung zu uns gesetzt, wenn es am Horizont auftaucht, und an unserer Ordnung rüttelt. Die Fortschritte zum Verständnis des Fremden sind allerdings klein, sie äußern sich niemals absolut. Da das Fremde nicht ohne das Eigene denkbar ist, sondern beide sich wechselseitig bedingen, kommt im ethnologischen Verstehensprozess der *Beziehung* zum Fremden die höchstmögliche Bedeutung zu. An ihr lässt sich schließlich ablesen, wie weit das Verstehen fortgeschritten ist.

Dieses Verstehen meint mehr, als die passgenaue Beantwortung von bereits formulierten oder sich im Feld ergebenden inhaltlichen Fragen. Es meint, dem kulturell Fremden in seiner Eigengeltung, in seiner unendlichen Einzigartigkeit gerecht werden zu wollen. Für die Theoriebildung müssten daher die Dilemmata kultureller Fremdheit von übergeordneter Bedeutung sein und langfristig in den Diskurs integriert werden. Auf der konkreten Ebene wäre erforderlich, die Bedürfnislage der kulturellen Gruppe ebenso ernst zu nehmen, wie die eigenen Forschungsinteressen. Ergeben sich an dieser Stelle Konflikte, so gibt es meiner Meinung nach nur die Möglichkeit, diese auf Augenhöhe auszuhandeln oder andernfalls das ursprüngliche Forschungsmotiv zurückzustellen. Die Aktionsethnologie etwa hat hier die richtigen Schritte getan.

Unseren Logos und unsere epistemologischen Prämissen müssen wir in der Fremdbegegnung schonungslos zur Disposition stellen. Es geht dabei nicht nur darum, mögliche Ansprüche und *hidden agendas* einer wissenschaftlichen Arbeit so klar wie möglich zu explizieren, sondern potentiell alle Aspekte der eigenen Prägung – methodische, methodolo-

483 Sundermeier 1996: 155.

gische, epistemologische, ontologische, biografische, historische, geistesgeschichtliche und im weitesten Sinne soziokulturelle – zu reflektieren und möglichst adäquat in ein Urteil[484] einzubinden. Gleichfalls sollten dabei die institutionellen Bedingungen von Wissenschaft und Universität, die ihrer Idee nach zwar unbedingt ist, in der Realität dennoch von vielerlei Zwängen eingeholt wird, bedacht werden.[485] Auf diese Weise könnte die Ethnologie weiterhin zu einer „Entmystifizierung versteinerter rationalistischer Traditionen"[486] beitragen. Denn eine Aufgabe haben unsere Fachvertreter mit Sicherheit: „Ethnologen müssen auch Erdbebenmacher sein [...]"[487] proklamiert Tobias Rees völlig zurecht.

Eine so umfassende Reflexion dürfte sich zwar von ihrer Praktikabilität her als Herausforderung erweisen, sollte dem Gewicht und Nutzen ethnologischer Forschung aber keinen Abbruch tun. Denn auch wenn die Ethnologie nur mehr als *ein* möglicher Beitrag zum Diskurs vom Menschen als Kulturwesen gelten kann, statt die mehr oder weniger exklusive und vorgegeben objektive Produktion von Wissen über fremdkulturelle Lebenswelten für sich zu beanspruchen, so bezeugt eben jenes Reflexionsvermögen, wie unabdingbar sie für diesen Diskurs bleibt. Wie Andreas Langenohl dankenswerterweise festgestellt hat, ist die „heuristische Kernoperation" einer solch reflexiven Wissenschaftsauffassung „auch nicht Relativierung, sondern Relationierung."[488] Ein ethnologisches *commitment* zur Relationierung, d.h. der Kontextualisierung von Wissen in allen nur denkbaren Dimensionen, würde ich von daher für einen großen Gewinn halten und müsste dem Fach in meinen Augen keinerlei Abbruch tun – im Gegenteil. Eine solche polyperspektivische Praxis kann der Komplexität von kultureller Realität weitaus eher gerecht werden, als ein *ad unum vertere,* das sich vor allen Dingen der Konsistenz des eigenen Denkens versichern will.

Die Fähigkeit zur Reflexion zähle ich denn auch zu den größten Errungenschaften der Fachgeschichte. Den Trumpf, eigenen Normen und Vorstellungen kritisch den Spiegel vorhalten zu können und die zugrunde

484 Im Sinne eines propositionalen Aussagesatzes über das kulturell Fremde.

485 Derrida 2001: 12, vgl. auch Rabinow 1993: 186.

486 Rees 1998: 14.

487 ebd.

488 Langenohl 2009: 23.

gelegten Prämissen und Axiome immer und immer wieder zur Disposition zu stellen, sollte die Ethnologie künftig um so selbstbewusster ausspielen. Dann kann sie indes viel zu einem besseren Verständnis des Menschen beitragen. Die Krise der Ethnologie gestaltet sich nur vor dem Hintergrund totaler Ansprüche auch als totale Krise.[489] Dementgegen verfügt das Fach m.E. aber über Mittel und Wege, diese Perspektive als Konstruktion eines totalisierenden, „modernen" Wissenschaftsverständnisses zu dekonstruieren.

Hierin eröffnet sich exemplarisch ein ethnologisches Arbeitsfeld, das künftig noch ausbaufähig ist: ich meine die Vermittlung ethnologischen Wissens – zu denken wäre etwa an reflexive Methoden oder dekonstruktive Theoriebildung aber auch an konkretes empirisches Wissen – über die Fachgrenzen hinaus. Der geschulte Leser ethnografischer Monografien und theoretischer Abhandlungen sollte nicht einziger Adressat der Fachdebatten bleiben. Denn davon abgesehen, dass auch andere Disziplinen von den ethnologischen Errungenschaften sicherlich profitieren könnten, halte ich es für eine wichtige Aufgabe, auch in einem *öffentlichen*, nicht-wissenschaftlichen Diskurs stärker sichtbar zu werden, sei es in der Diskussion um ein Minarettverbot, sei es zum Begriff der (deutschen) Leitkultur, sei es in Migrationsfragen. Denn gerade hier kann die Ethnologie zu einem kritischen Bewusstsein über kulturelle Fremdheit mehr beitragen, als sie verschleiert. Kann sie dafür die richtigen Worte finden, die der Anerkennung von Differenz wie auch der Gemeinschaft der *humanitas* Rechnung tragen, so wird ihr ein vorsichtiger und behutsamer Modus des Denkens und der Sprache gelingen, der – mit Heideggers Worten – „das Einfache seiner mannigfaltigen Dimensionen walten lässt."[490]

489 vgl. hierzu: ebd.
490 Heidegger 2004: 315.

Literaturverzeichnis

Abu-Lughod, Lila 1991: Writing against Culture. In: Fox, Richard G. (Hg.): Recapturing Anthropology. Working in the Present. Santa Fe, New Mexico. S. 137-162.

Allgemeine Erklärung der Menschenrechte, Resolution 217 A (III) vom 10.12.1948, nach: Bundeszentrale für politische Bildung (Hg.): Menschenrechte. Dokumente und Deklarationen, Schriftenreihe Bd. 397, Bonn 2004, S. 54-59.

Amborn, Herrmann 1993a: Einführung. In: ders. (Hg.): Unbequeme Ethik: Überlegungen zu einer verantwortlichen Ethnologie. Berlin. S. 7-12.

Amborn, Herrmann 1993b: Die Rückkehr der Ethik in die deutsche Ethnologie. In: ders. (Hg.): Unbequeme Ethik: Überlegungen zu einer verantwortlichen Ethnologie. Berlin. S. 13-26.

Amborn, Herrmann 1993c: Handlungsfähiger Diskurs. Reflexionen zur Aktionsethnologie. In: Schmied-Kowarzik, Wolfdietrich und Justin Stagl (Hg.): Grundfragen der Ethnologie. Beiträge zur gegenwärtigen Theoriediskussion. Berlin. S. 129-150.

Aydın, Yasar 2009: Topoi des Fremden. Zur Analyse und Kritik einer sozialen Konstruktion. Konstanz.

Bangkok Declaration 1993: Final Declaration of the Regional Meetings for Asia of the World Conference on Human Rights. Electronic Document. <http://law.hku.hk/lawgovtsociety/Bangkok%20Declaration.htm> [6.3.2010].

Bargatzky, Thomas 1997: Ethnologie: eine Einführung in die Wissenschaft von den urproduktiven Gesellschaften. Hamburg.

Bargatzky, Thomas 1992: Die Ethnologie und das Problem der kulturellen Fremheit. In: Sundermeier, Theo (Hg.): Den Fremden wahrnehmen. Bausteine für eine Xenologie. Gütersloh. S. 13-29.

Barley, Nigel 2001: Traumatische Tropen. Notizen aus meiner Lehmhütte. München.

Bayer, Julia, Andrea Engl, Melanie Liebheit 2004 (Hg.): Strategien der Annäherung – Darstellungen des Fremden im deutschen Fernsehen. Bad Honeff.

Berg, Eberhard, Martin Fuchs 1993: Phänomenologie der Differenz. Reflexionsstufen ethnographischer Repräsentation. In: dies. (Hg.):

Kultur, soziale Praxis, Text. Die Krise der ethnographischen Repräsentation. Frankfurt am Main. S. 11-108.

Bielefeldt, Heiner 1994: Uno-Menschenrechte: Kolonialismus im Gewande des Humanismus? In: Batzli, Stefan, Fridolin Kissling, Rudolf Zihlmann (Hg.): Menschenbilder, Menschenrechte. Islam und Okzident. Kulturen im Konflikt. Zürich. S. 33-49.

Bourdieu, Pierre 1993: Narzisstische Reflexivität und wissenschaftliche Reflexivität. In: Berg, Eberhard, Martin Fuchs (Hg.): Kultur, soziale Praxis, Text. Die Krise der ethnographischen Repräsentation. Frankfurt am Main. S. 365-374.

Brumann, Christoph 1999: Writing for Culture. Why a successful concept should not be discarded. In: Current Anthropology 40: 1-27.

Bujo, Bénézet 1991: Afrikanische Anfrage an das europäische Menschenrechtsdenken. In: Hoffmann, Johannes (Hg.): Begründung von Menschenrechten aus der Sicht unterschiedlicher Kulturen. Frankfurt am Main. S. 211-224.

Clifford, James 1993: Über ethnographische Autorität. In: Berg, Eberhard, Martin Fuchs (Hg.): Kultur, soziale Praxis, Text. Die Krise der ethnographischen Repräsentation. Frankfurt am Main. S. 109-157.

Crapanzano, Vincent 1980: Tuhami. Portrait of a Moroccan. Chicago.

D'Arcy May, John 1991: Menschenrechte als Landrechte im Pazifik. Vier Fallstudien. In: Hoffmann, Johannes (Hg.): Universale Menschenrechte im Widerspruch der Kulturen, Band 2. Frankfurt am Main. S. 213-237.

Därmann, Iris 1996: Der Fremde zwischen den Fronten der Ethnologie und Philosophie. Philosophische Rundschau 43, 1: 46-63.

Därmann, Iris 2005: Fremde Monde der Vernunft. Die ethnologische Provokation der Philosophie. München.

Derrida, Jacques 1990: Die Différance. In: Engelmann, Peter (Hg.): Postmoderne und Dekonstruktion. Texte französischer Philosophen der Gegenwart. Stuttgart. S. 76-113.

Derrida, Jacques 1991: Die Struktur, das Zeichen und das Spiel im Diskurs der Wissenschaften vom Menschen. In: Engelmann, Peter (Hg.): Postmoderne und Dekonstruktion. Texte französischer Philosophen der Gegenwart. Stuttgart. S. 114-139.

Derrida, Jacques 1992: Das andere Kap. Die vertagte Demokratie. Zwei Essays zu Europa. Frankfurt am Main.

Derrida, Jacques 2001: Die unbedingte Universität. Frankfurt am Main.

Duala M'bedy, Munasu 1977: Xenologie – Die Wissenschaft vom Fremden und die Verdrängung der Humanität in der Anthropologie. Freiburg, München.

Dyll, Lauren, Francis, Michael und Tomaselli, Keyan G. 2008: „Self" and „Other". Auto-Reflexive and Indigenous Ethnography. In: Denzin, Norman K., Yvonna S. Lincoln und Linda Tuhiwai Smith: Handbook of Critical and Indigenous Methodologies. London. S. 347-372.

Eco, Umberto 1983: Das offene Kunstwerk. Frankfurt am Main.

Engelmann, Peter 1990: Einleitung. In: ders. (Hg.): Postmoderne und Dekonstruktion. Texte französischer Philosophen der Gegenwart. Stuttgart. S. 5-32.

Fabian, Johannes 1993: Präsenz und Repräsentation. Die Anderen und das anthropologische Schreiben. In: Berg, Eberhard, Martin Fuchs (Hg.): Kultur, soziale Praxis, Text. Die Krise der ethnographischen Repräsentation. Frankfurt am Main. S. 335-364.

Fichte, Hubert 1976: Xango. Die afroamerikanischen Religionen II. Bahia. Haiti. Trinidad. Frankfurt am Main.

Fichte, Hubert 1980: Petersilie. Die afroamerikanischen Religionen IV. Santo Domingo. Venezuela. Miami. Grenada. Frankfurt am Main.

Fischer, Hans 1998: Ethnologie. Einführung und Überblick. Berlin.

Foucault, Michel 2007: Die Ordnung des Diskurses. Frankfurt am Main. S. 7-49.

Frank, Thomas 2006: Dekonstruktion und Weltpolitik. In: Zeillinger, Peter, Dominik Portune (Hg.): Nach Derrida. Dekonstruktion in zeitgenössischen Diskursen. Wien. S. 51-70.

Fuchs, Martin 1997: Übersetzen und Übersetzt-Werden: Plädoyer für eine interaktionsanalytische Reflexion. In: Bachmann-Medick, Doris (Hg.): Übersetzung als Repräsentation fremder Kulturen. Berlin. S. 308-328.

Gadamer, Hans-Georg 1960: Wahrheit und Methode. Tübingen.

Geertz, Clifford 2002: Dichte Beschreibung. Beiträge zum Verstehen kultureller Systeme. Frankfurt am Main.

Gender-Politik-Online: Internetportal des Fachbereichs Politik- und Sozialwissenschaften der Freien Universität Berlin. <http://web.fu-berlin.de/gpo/index.htm> [16.3.2010].

Gottowik, Volker 1997: Konstruktionen des Anderen: Clifford Geertz und die Krise der ethnographischen Repräsentation. Berlin.

Habermas, Jürgen 1999: Der interkulturelle Diskurs über Menschenrechte. In: Brunkhorst, Hauke, Lutz-Bachmann, Matthias (Hg.): Recht auf

Menschenrechte. Frankfurt am Main. S. 216-227.

Habermeyer, Wolfgang 1993: Ethik hier und Ethnologie dort? In: Amborn, Herrmann (Hg.): Unbequeme Ethik: Überlegungen zu einer verantwortlichen Ethnologie. Berlin. S. 27-37.

Habermeyer, Wolfgang 2006: Ethik, Hermeneutik und Rationalität in der Ethnologie. In: Hornbacher, Annette (Hg.): Ethik, Ethos, Ethnos. Aspekte und Probleme interkultureller Ethik. Bielefeld. S. 87-105.

Heidegger, Martin 2004: Brief über den „Humanismus" in: ders.: Wegmarken. Frankfurt am Main. S. 313-364.

Hobuß, Steffi 2004: Fremderfahrungen und Fremddarstellungen. Von hier nach dort und zurück. In: Därmann, Iris, Steffi Hobuß, Ulrich Lölke (Hg.): Konversionen. Fremderfahrungen in ethnologischer und interkultureller Perspektive. Amsterdam, New York. S. 7-34.

Hornbacher, Annette 2006a: Vorrede. In: dies. (Hg.): Ethik, Ethos, Ethnos. Aspekte und Probleme interkultureller Ethik. Bielefeld. S. 9-12.

Hornbacher, Annette 2006b: Globale Ethik für eine globale Welt? In: dies. (Hg.): Ethik, Ethos, Ethnos. Aspekte und Probleme interkultureller Ethik. Bielefeld. S. 13-35.

Husserl, Edmund 1995: Cartesianische Meditationen: Eine Einleitung in die Phänomenologie. Hamburg.

InterAction Council 1997: Allgemeine Erklärung der Menschenpflichten. In: Schmidt, Helmut (Hg.): Allgemeine Erklärung der Menschenpflichten. München. S. 19-35.

Internationaler Pakt über wirtschaftliche, soziale und kulturelle Rechte 1966: Electronic Document. <http://www.dimr.eu/questions.php?questionid=268> [6.3.2010].

Jackson, Michael 1996: Phenomenology, Radical Empiricism and Anthropological Critique. In: ders. (Hg.): Things as they are: new directions in phenomenological anthropology. Bloomington, Indianapolis. S. 1-50.

Jamme, Christoph 2002: Gibt es eine Wissenschaft des Fremden? Zur aktuellen Theoriedebatte zwischen Philosophie und Ethnologie. In: ders., Därmann Iris (Hg.): Fremderfahrung und Repräsentation. Weilerswist. S. 183-208.

Kohl, Karl-Heinz 2000: Ethnologie – die Wissenschaft vom kulturell Fremden. Eine Einführung. München.

Kohl, Karl-Heinz 2002: Dialogische Anthropologie – eine Illusion? In: Därmann, Iris, Christoph Jamme (Hg.): Fremderfahrung und Repräsentation. Weilerswist. S. 209-225.

Konersmann, Ralf 2007: Der Philosoph mit der Maske. Michel Foucaults L'ordre du discours. In: Foucault, Michel: Die Ordnung des Diskurses. Mit einem Essay von Ralf Konersmann. Frankfurt am Main. S. 51-94.

Kovach, Margaret 2005: Emerging from the Margins: Indigenous Methodologies. In: Brown, Leslie und Strega, Susan (Hg.): Research as Resistance: Critical, Indigenous and Anti-oppressive Approaches. Toronto. S. 19-36.

Kreutzer, Leo 2004: Depp im globalen Dorf? Lokales Wissen und das Wissen der Wissenschaft. In: Därmann, Iris, Steffi Hobuß, Ulrich Lölke (Hg.): Konversionen. Fremderfahrungen in ethnologischer und interkultureller Perspektive. Amsterdam, New York. S. 231-244.

Küng, Hans, Karl-Josef Kuschel 1993: Erklärung zum Weltethos. Die Deklaration des Parlamentes der Weltreligionen. München.

Langenohl, Andreas 2009: Zweimal Reflexivität in der gegenwärtigen Sozialwissenschaft: Anmerkungen zu einer nicht geführten Debatte. Electronic Document [25 Absätze]. Forum Qualitative Sozialforschung / Forum Qualitative Social Research, 10, 2, Art. 9 <http://nbn-resolving.de/urn:nbn:de:0114-fqs090297> [15.2.2010].

Lévinas, Emmanuel 1985: Wenn Gott ins Denken einfällt. Diskurs über die Betroffenheit von Transzendenz. Freiburg i. Br., München.

Lévinas, Emmanuel 1999: Die Spur des Anderen. Untersuchungen zur Phänomenologie und Sozialphilosophie. Freiburg i. Br., München.

Lévinas, Emmanuel 2003: Die Zeit und der Andere. Hamburg.

Lévinas, Emmanuel 2008: Ethik und Unendliches. Gespräche mit Philippe Nemo. Wien.

Lévi-Strauss, Claude 1982: Traurige Tropen. Frankfurt am Main.

Lyotard, Jean-François 1989: Das postmoderne Wissen. Ein Bericht. Graz, Wien.

Lyotard, Jean-François 1990a: Beantwortung der Frage: Was ist postmodern? In: Engelmann, Peter (Hg.): Postmoderne und Dekonstruktion. Texte französischer Philosophen der Gegenwart. Stuttgart. S. 33-48.

Lyotard, Jean-François 1990b: Randbemerkungen zu den Erzählungen. In: Engelmann, Peter (Hg.): Postmoderne und Dekonstruktion. Texte französischer Philosophen der Gegenwart. Stuttgart. S. 49-53.

Maier, Hans 1997: Wie universal sind die Menschenrechte? Freiburg.

Malinowski, Bronislaw 1984: Argonauten des westlichen Pazifik. Ein Bericht über Unternehmungen und Abenteuer der Eingeborenen in den Inselwelten von Melanesisch-Neuguinea. Frankfurt am Main.

Mills, Sara 2007: Der Diskurs. Tübingen.

Möckel, Christian 2007: Einführung in die transzendentale Phänomenologie. München.

Münkler, Herfried und Bernd Ladwig (Hg.) 1997: Furcht und Faszination. Facetten der Fremdheit. Berlin.

Odersky, Walter 1994: Die Menschenrechte. Herkunft – Geltung – Gefährdung. Düsseldorf.

Rabinow, Paul 1993: Repräsentationen sind soziale Tatsachen. Moderne und Postmoderne in der Anthropologie. In: Berg, Eberhard, Martin Fuchs (Hg.): Kultur, soziale Praxis, Text. Die Krise der ethnographischen Repräsentation. Frankfurt am Main. S. 158-199.

Rees, Tobias 1998: Writing Culture – Filming Culture. Referat anlässlich der Jahresversammlung der Deutschen Gesellschaft für Völkerkunde. Frankfurt am Main. Electronic Document. <http://www.iwf.de/easa/brd/rees.html> [21.2.2010].

Reuter, Hans-Richard 1996: Menschenrechte zwischen Universalismus und Relativismus. Eine Problemanzeige. Zeitschrift für evangelische Ethik 40: 135-147.

Romero-Little, Mary Eunice 2006: Honoring Our Own: Rethinking Indigenous Languages and Literacy. Anthropology and Education Quarterly 37, 4: 399-402.

Rust, Winfried: 2001: Gefährliche Ideologie. Electronic Document. Blätter des iz3w. <http://www.iz3w.org/iz3w/Ausgaben/257/LP_s32.html> [10.2.2010].

Schmid, Holger 2006: Ethik des Fremden und Begriffe der Anthropologie. In: Hornbacher, Annette (Hg.): Ethik, Ethos, Ethnos. Aspekte und Probleme interkultureller Ethik. Bielefeld. 167-182.

Schütz, Alfred 1972: Der Fremde. In: ders.: Gesammelte Aufsätze. Bd. 2: Studien zur soziologischen Theorie. Den Haag. S. 53-69.

Shostak, Marjorie 1982: Nisa erzählt. Das Leben einer Nomadenfrau in Afrika. Hamburg.

Simmel, Georg 1992: Soziologie. Bd. 2 der Gesamtausgabe. Frankfurt am Main.

Stoellger, Philipp 2006: Die Menschenwürde des Fremden und die Fremdheit der Menschenwürde. In: Bahr, Petra, Hans Michael Heinig (Hg.): Menschenwürde in der säkularen Verfassungsordnung. Tübingen.

Streeck, Ulrich 2000: Das Fremde in der Psychoanalyse. Gießen.

Strega, Susan 2005: The View from the Poststructural Margins. Epistemology and Methodology Reconsidered. In: dies., Leslie Brown (Hg.): Research as Resistance: Critical, Indigenous and Anti-oppressive Approaches. Toronto. S. 199-235.

Sundermeier, Theo 1996: Den Fremden verstehen. Eine praktische Hermeneutik. Göttingen.

Tedlock, Dennis 1993a: Fragen zur dialogischen Anthropologie. In: Berg, Eberhard, Martin Fuchs (Hg.): Kultur, soziale Praxis, Text. Die Krise der ethnographischen Repräsentation. Frankfurt am Main. S. 269-287.

Tedlock, Dennis 1993b: Über die Repräsentation des Diskurses im Diskurs. Eine Replik. In: Berg, Eberhard, Martin Fuchs (Hg.): Kultur, soziale Praxis, Text. Die Krise der ethnographischen Repräsentation. Frankfurt am Main. S. 297-299.

Thornton, Robert J. 1993: Die Rhetorik des ethnographischen Holismus. In: Berg, Eberhard, Martin Fuchs (Hg.): Kultur, soziale Praxis, Text. Die Krise der ethnographischen Repräsentation. Frankfurt am Main. S. 240-268.

Tuhiwai Smith, Linda 2007: Decolonizing Methodologies. Research and Indigenous Peoples. London, New York und Dunedin.

Tyler, Stephen 1993: Zum „Be-/Abschreiben“ als „Sprechen für“. Ein Kommentar. In: Berg, Eberhard, Martin Fuchs (Hg.): Kultur, soziale Praxis, Text. Die Krise der ethnographischen Repräsentation. Frankfurt am Main. S. 288-296.

Vongehr, Thomas 2005: Sprache und Erfahrungsstil im Denken Edmund Husserls. (Unveröffentlichtes Manuskript). Europa-Universität Viadrina. Frankfurt/Oder.

Waldenfels, Bernhard 1983: Phänomenologie in Frankreich. Frankfurt am Main.

Waldenfels, Bernhard 1989: Erfahrung des Fremden in Husserls Phänomenologie. In: Orth, Ernst-Wolfgang (Hg.): Profile der Phänomenologie. Zum 50. Todestag von Edmund Husserl. Freiburg, München. S. 39-62.

Waldenfels, Bernhard 1990: Der Stachel des Fremden. Frankfurt am Main.

Waldenfels, Bernhard 1997: Topographie des Fremden. Studien zur Phänomenologie des Fremden I. Frankfurt am Main.

Waldenfels, Bernhard 1998: Antwort auf das Fremde. Grundzüge einer responsiven Phänomenologie. In: ders., Därmann, Iris (Hg.): Der

Anspruch des Anderen. Perspektiven Phänomenologischer Ethik. München. S. 35-50.

Waldenfels, Bernhard 2002: Paradoxien ethnographischer Fremddarstellung. In: Därmann, Iris und Jamme, Christoph (Hg.): Fremderfahrung und Repräsentation. Weilerswist. S. 151-182.

Wang, Shin-Yun 2004: Die Methode der Epoché in der Phänomenologie Husserls. Univ. Diss., Freiburg.

Weber, Max 1992: Politik als Beruf. Stuttgart.

Welsch, Wolfgang 1997: Eurozentrismus der Menschenrechte? In: ders.: Vernunft. Frankfurt am Main. S. 739-747.

Wimmer, Franz M. 1994: Ethik und Ethnologie. Electronic Document. <http://www.univie.ac.at/WIGIP/wimmer/1994Ethnologie.html> [6.3.2010], ebenfalls erschienen in: Ethica. Wissenschaft und Verantwortung. 2, 3: 287-301.

Abonnement

Hiermit abonniere ich die Reihe **Kultur – Bildung – Gesellschaft (KuBiG) (1864-9386)**, herausgegeben von Thomas Köhler,

- ❒ ab Band # 1
- ❒ ab Band # ___
  - ❒ Außerdem bestelle ich folgende der bereits erschienenen Bände:
    #___, ___, ___, ___, ___, ___, ___, ___, ___, ___, ___, ___

- ❒ ab der nächsten Neuerscheinung
  - ❒ Außerdem bestelle ich folgende der bereits erschienenen Bände:
    #___, ___, ___, ___, ___, ___, ___, ___, ___, ___, ___, ___

❒ 1 Ausgabe pro Band ODER ❒ ___ Ausgaben pro Band

Bitte senden Sie meine Bücher zur versandkostenfreien Lieferung innerhalb Deutschlands an folgende Anschrift:

Vorname, Name: ________________________________

Straße, Hausnr.: ________________________________

PLZ, Ort: ________________________________

Tel. (für Rückfragen): ________________ *Datum, Unterschrift:* ________________

Zahlungsart

❒ *ich möchte per Rechnung zahlen*

❒ *ich möchte per Lastschrift zahlen*

bei Zahlung per Lastschrift bitte ausfüllen:

Kontoinhaber: ________________________________

Kreditinstitut: ________________________________

Kontonummer: ________________ Bankleitzahl: ________________

Hiermit ermächtige ich jederzeit widerruflich den *ibidem*-Verlag, die fälligen Zahlungen für mein Abonnement der Reihe **Kultur – Bildung – Gesellschaft (KuBiG)** von meinem oben genannten Konto per Lastschrift abzubuchen.

Datum, Unterschrift: ________________________________

Abonnementformular entweder **per Fax** senden an: **0511 / 262 2201** oder 0711 / 800 1889
oder als **Brief** an: *ibidem*-Verlag, Julius-Leber Weg 11, 30457 Hannover oder
als **e-mail** an: **ibidem@ibidem-verlag.de**

***ibidem*-Verlag**
Melchiorstr. 15
D-70439 Stuttgart
info@ibidem-verlag.de

www.ibidem-verlag.de
www.ibidem.eu
www.edition-noema.de
www.autorenbetreuung.de

Zeitfracht Medien GmbH
Ferdinand-Jühlke-Straße 7
99095 Erfurt, Deutschland
produktsicherheit@kolibri360.de